DALE CARNEGIE

ドロシー・カーネギー【編】
神島康【訳】

DALE CARNEGIE'S SCRAPBOOK

D・カーネギー 名言集

【文庫版】

創元社

目次

装幀 鷺草デザイン事務所

まえがき

夫のデール・カーネギーは、ぴりっと薬味の利いた言葉が好きでした。読書する時は、決まって鋭い言葉や巧みな比喩、人生全般にわたる哲学に引きつけられ、一生心の中に焼きつけられるのです。夫が好んで引用した名句は、いつしか彼の日常用いる土臭い言葉遣いの中に入り込み、しばしば思いがけないところで飛び出すのです。たとえば庭の草むしりに夢中になっている夫に「再来週夕食に招待されているのだけど、どうしましょうか」と尋ねると、夫はあきれるほど冷静にこう答えるのです。「ああ、どうぞご自由に。やるべきことは、遠くにぼんやり見えるものを見ることではなく、手近にはっきり見えるものを行なうことである」。そしてサー・ウィリアム・オスラーがハーバードの学生の前で引用した、このカーライルの言葉を強調するかのように、雑草を一本ぐいと引き抜いてみせるのです。

アル・スミスが試合に勝った時、口ぐせに用いた「記録を見ようじゃないか！」という言葉は、夫が私の両親とともに一家団らんのトランプをやって勝った時、いつも用いた言葉でした。

またある時、シカゴの汽車の中で、私が「娘を手洗いへ連れていきたいのですが」と話すと、夫はマクベス夫人流に、「どうぞ席順におかまいなく、お立ち去りください！」と答えるのです。

夫の普通の話し方はまったく中西部アメリカ風で、はっきりした、飾り気のない、気どらない言葉遣いでしたが、古今の名句を楽しそうに、いとおしむように随所に用いるので、要点は強調され、内容が豊かになっていました。著作の中で彼はこうした引用を控え目ながらも効果的に用い、要所要所を強めたり、威厳のあるものにしていました。

私たちは夫が生涯かかって集めた引用句や抜粋を、その題材に従って大まかに分類しました。そうすると、どの語句も自然にこの大まかな分類のどれかに入ってしまいました。全部まとめてみると、これら引用句は、夫デール・カーネギーが信じ、著述し、人に教えた真理をはっきり伝える、一巻の人生哲学書になりました。

勤労の尊さと楽しさ――勇気と頑張りで恐怖や敗北を克服すること――人間同士の愛情と親切と礼儀――力強く、いつまでも変わることなく神を信仰すること。この四つが彼の人生の信条でした。

現代では楽観主義はあまり歓迎されません。しかしデール・カーネギーは口先だけのインテリではありません。彼自身の魂から発する輝きは、彼の行動の一つ一つ、著作のすべてに示されていました。そして彼の著書に寄せられた、すさまじいほど多くの読者からの反響は、信念、愛、そして勇気が、人間の魂の限りない憧れであることを如実に示しています。

この「スクラップブック」には、デール・カーネギーが愛用した引用句の数々が収めてあります。それは、こうしたことが人生にとって貴重であると信じた人々の言葉を引用したものなのです。

ドロシー・カーネギー

1

いかにして自信を得るか

DALE
CARNEGIE'S
SCRAPBOOK

危険が身に迫った時、逃げ出すようでは駄目だ。かえって危険が二倍になる。しかし決然として立ち向かえば、危険は半分に減る。何事に出会っても決して逃げ出すな。決して！

ウィンストン・チャーチル……✣

君は本当に自分の抱いた理想像に到達しているだろうか。もし自分の行為を反省して「いかん、あれは大失敗だった。ついかっとなって、怒らせなくてもよい人を怒らせてしまった。もっとよく考えてから話せばよかった」と言い聞かせる勇気がなければ、君はまだまだ理想像には到達していない。

ドワイト・D・アイゼンハワー……✣

自分に引け目があると思い込まないうちは、誰もあなたに引け目を感じさせることはできません。

エレノア・ルーズヴェルト……✣

私は今年で八十六歳になるが、この年になるまでに、相当な数の人々が下積みから這い上がって成功するのを見届けてきた。成功者になるために一番大切なものは、「自分にもできる」という信念である。思い切って事に当たらない限り、決して名声も成功も得られない。

ジェイムズ・ギボンズ枢機卿……………✣

勇気ある人間になりたければ、以下の五つの心得をしっかり守ることだ。何事に出会ってもびくともしない人間になることうけあいである。

一、本当に勇気があるかのようにふるまう。こうすれば元気が出てきて、「自分だって、あれくらいのことはできるのだ」という気になるから妙だ。

二、よく考えてみれば、失望落胆して壁に行き当たった人の多くが、立派にそれを乗り越えてきているのだ。他人にできたことが自分にもできぬはずがない。

三、人間の生命力は、リズムに従って盛んになったり衰えたりしている。意気消沈して人生に立ち向かう意欲を失えば、どん底まで落ち込んで這い上がれなくなる。だが、あくまで勇気を失わなければ、今まで自分を抑え続けてきた力を一転して、失意から抜け出す力に転化できる。

四、昼間より夜のほうが気が滅入るものだ。勇気は太陽と一緒にやってくる。

五、勇気は、人の偉大さをはかる物差しである。自分の理想像のレベルに達するまで頑張ることだ。

デール・カーネギー……………✣

あくまで自分自身と自分の取り組んでいるアイディアを信ずるなら、たいてい成功することが私にはわかった。

チャールズ・F・ケタリング……………

肝だめしに夜、墓地を一人で歩く少年は、さも陽気そうに口笛をぴーぴー吹き鳴らす。すると恐怖心は口笛で「吹き飛ばされ」、墓地を歩くのが怖くも何ともなくなる。これと同じように、自分のふさぎきった心を口笛で吹き飛ばして、他人までふさぎの巻き添えにしないように気を配る者が、もっといてもよさそうなものだ。楽しそうにふるまっていると、いつか本当に楽しくなる。物事に熱中するにはこの手に限る。仕事にしろ会議にしろ、面白くてたまらないといった態度で取りかかれば、いつの間にか本当に熱中している自分に気がつくものだ。

デール・カーネギー……………

勇気とは、恐ろしくて半分死にそうになっている時でさえ、その場に必要な行動が取れる能力である。

オマー・ブラッドレー将軍……………

自分の心に描く夢の実現に向かって努力する時、普段なら思いもよらぬ、成功が得られる。空中に楼閣を建てても無駄骨には終わらない。楼閣は空中に建てるものだ。さあ、そ

の下に土台を建てよう。　　　　　　　　　ヘンリー・デイヴィッド・ソロー……✣

人間は逃げ場がなくなれば、不幸と災難に耐え抜き、それを克服することができるものだ。人間には、自分でも驚くほど強力な知恵と能力が隠れている。それを利用する気になりさえすればよい。我々は自分の潜在的な力に気づいていないだけである。

デール・カーネギー……✣

勇者の気持ちを味わいたければ、ありったけの気力をふるって、勇者らしくふるまうことだ。その時、恐ろしくていたたまれない気持ちは、勇気凛々としてじっとしていられない気持ちに、取って代わられるだろう。

ウィリアム・ジェイムズ……✣

障害を克服できると信ずる者だけが、本当に障害を克服することができる。……一日に一つでも恐怖の対象を克服しない者は、まだ人生の第一課さえ学んでいない。

ラルフ・ワルド・エマーソン……✣

一日に少なくとも一つは自分の力にあまることを成し遂げようとしない限り、どんな人間でもたいした成功は期待できない。

エルバート・ハバード…………✣

人間のできることなら何だってできるという気になれば、たとえどんな困難にあっても、いつかは必ず目標を達成できる。これと反対に、ごく単純な事柄でさえ、自分にはとても無理だと思い込めば、たかだかモグラの積み上げた土くれにすぎぬものが、目もくらむような高山に見える。

エミール・クーエ…………✣

次の心得を守れば、十中八九成功する――自信を持つこと、そして仕事に全力を尽くすこと。

トーマス・E・ウィルソン…………✣

恐怖の目で未来を眺めるのは、危険きわまりない。

エドワード・ヘンリー・ハリマン…………✣

もし何かを恐れているなら、他の人々もあなたと同様、何かに対して恐怖心を持ったことを思い出していただきたい。たぶん本書を読んでいる瞬間にも、あなたは恐怖心のとりこになっているだろう。「こんなことを人から言われはしないか？」「上役から叱られるかもしれない」「近所の連中の噂話が気になる」――こうして並べてみると、どれもこれも未来のことばかりだ。つまり過去は怖くない。何が起こったかちゃんとわかっているし、思ったほどたいしたことでもなかったから。しかし未来は一寸先もわからない！　未来の恐怖と闘う方法は簡単である。「なぜ恐ろしいのか」という理由を一つ一つ考えてみれば、怖さも薄れてくる。最悪の事態がどの程度のものかわかれば、怖がることもなくなる。あなたはつぶやくだろう。「何だ、あれくらいのことなど！」

デール・カーネギー……………………❖

少女時代の私はきれいだと思われたくてたまりませんでした。私なんか誰の目にも止まりっこない、美しいとほめてくれるはずもないと思い込んでいたからです。「あんたみたいな〝みにくいアヒルの子〟に、ハンサムな彼氏なんかできっこないわ」と、よく姉妹たちにからかわれたものでした。

私はいつも恥ずかしい思いをしていました。服は叔母さんのお古の仕立て直しばかりだし、ダンスもスケートもからっきし駄目だし、よその女の子みたいにきれいじゃないし、ダンス・パーティーの時はいつも仲間外れだし……。

今でもはっきり覚えています。クリスマス・パーティーの席で私がいつものようにひとりぼっちでいると、一人の若者が「踊りませんか」と話しかけてくれたうれしさを！　彼の名はフランクリン・D・ルーズヴェルト。

二十年以上もの間、私は劣等感と恐怖心にさいなまれてきました。私の家系は、母も祖母も叔母たちも、揃いも揃ってニューヨーク社交界きっての美人揃いなのに、どうしたわけか私一人だけが不器量なので、恥ずかしくてたまらなかったのです。母はよく訪問客に語ったものです。「エレノアったら、あんまり年寄り臭いので、皆から『お婆ちゃん』と呼ばれているのですよ」

こんな私に勇気を与える転機となったものは、私よりもっと不幸な方々を助けてあげることでした。たとえば、一九一〇年には、夫はニューヨーク州の上院議員として、他の十八人の議員とともに、ある悪徳民主党議員と闘っていましたので、アルバニーの私たち夫婦の家は会議所みたいになり、毎日毎晩のように泊まり込みで討議が続けられていました。いたたまれなくなった私が他の議員の方々の奥さん方に会ってみると、ホテルの一室でしょんぼり一人暮らしをしている方々が多いのに、びっくりしました。ご主人以外は誰一人知らない、この気の毒な奥さん方を元気づけ、励ましているうちに、いつしか私にも勇気と自信が湧いてきました。

この世の中で恐怖心ほど人の心を傷つけるものはありません。私よりはるかに不幸な方々を助けることにより、私は自分の恐怖と闘い、ついにそれを克服したのです。恐ろしくて手が出なかったことを何とかしてやり遂げれば、誰でも恐怖心を克服できる、と私は信じます。ただしそのためには、絶えずこうしたことをやり続けて、成功の実績を積み重ねることが第一です。

エレノア・ルーズヴェルト……✣

大胆は勇気を、臆病は恐怖をもたらす。

プブリウス・シルス……✣

結局のところ、「こんなことは馬鹿げてはいないか」という恐怖心以外に、この世に馬鹿げたものは存在しない。

アンリ・フォーコニエ……✣

自分の欠点ばかり気になり出したら、そんな劣等感を直してくれる人間はこの世に一人しかいない。つまりあなた自身だ。直し方は次の言葉に尽きる。――「おのれ自身のことを忘れよ」。恥ずかしくなってきたり気遅れしたり、自分が気になり出したりしたら、すぐその場で何か他のことを考えることだ。人と語り合う際には、話題以外のことはいっさい念頭には置かない。相手がこちらのことをどう思っていようが、こちらの話しぶりをどう思っていようが、決して気にしないことだ。自分のことは忘れて、先を続けることだ。

デール・カーネギー……✣

財産を失っても痛手は少ない。健康を失うと痛手は大きい。勇気を失うと、それこそ取り返しがつかない。

作者不明……………………………………………✣

恐怖の数のほうが危険の数より常に多い。

セネカ……………………………………………✣

「やろう」と思う強い意志は、これまで行なってきた行動の回数と、その時の決意の強さによって決まります。そして行動にかかるたびに、人間の脳は成長します。そうなった時、本当の信念が生まれるのです。せっかく決心しても、また美しい気持ちを抱きかけても、実を結ぶことなく立ち消えになってしまっては、その損害は機会を失った時よりはるかに大きいでしょう。その人の将来の目的の達成が遅れてしまうし、心の冷たい人になってしまうからです。口先だけなら、誰でも強そうなことが言えます。でも実際にその場で発揮できる勇気は、いつの場合でも十分ではありません。私たちは、勇気が毎日少しずつ蒸発するにまかせているからです。

ヘレン・ケラー……………………………………✣

何事にも動じない決断力ほど、気概のある人間をつくり出す要因はおそらくあるまい。将来、大人物を目指す若者や、死後何らかの点で大人物に数えられたいと願う若者は、単に数知れぬ障害を克服する決心をするだけでは駄目だ。数知れぬ拒絶と敗北に出会っても、障害を克服してみせる決心が必要である。

セオドア・ルーズヴェルト……………✣

恐怖を克服する決心をしさえすれば、たいていの恐怖は克服できる。恐怖は人の心の中にしか存在しないからだ。

デール・カーネギー……………✣

恐ろしくなったら、自分のやるべき仕事のことを一心に考えることだ。すっかり仕事に対する心構えができれば、恐怖心は消え去る。

デール・カーネギー……………✣

子供の頃は不器用で体も弱かったので、青年になっても私は神経が落ち着かず、とうてい勇気を持てる自信などなかった。私は肉体面だけでなく、精神面でも負けじ魂の面でも、徹底的に鍛え直す必要があったのだ。……少年時代の私は、マリアッドの小説の次の一節を繰り返し読んだものだ。小説の主人公に向かって、イギリスの一小戦艦の艦長が、肝っ玉のすわった人間になるにはどうすればよいか、教えているくだりである。

「はじめて戦場に出るのは、誰でも恐ろしいものだが、取るべき道はただ一つ、戦闘など全然怖くないといった顔で立ち向かうことだ。この態度を常にとり続けていると、見せかけでなく、本当に度胸がすわってくる。恐怖を知らぬ態度を繰り返しているうちに、いつの間にか本当に恐怖を感じなくなり、度胸のある人間になるのだ」

私はこの考えに従って恐怖を克服した。かつては灰色熊《グリズリー》から暴れ馬、ガンマンに至るまで、ありとあらゆるものが怖かった。しかし怖くないようなふりをしていると、いつか本当に怖くなくなってきた。その気になりさえすれば、たいていの者は私と同じ経験をすることができる。

セオドア・ルーズヴェルト……✣

自然にふるまう態度ほど、身につけやすいものはない。ただ自分のことを忘れさえすればよい──「こういうふうに見てほしい」という気持ちを忘れさえすればよい。

デール・カーネギー……✣

家から出る時は、いつでもあごを引いて頭をまっすぐに立て、できる限り大きく呼吸をすること。日光を吸い込むのだ。友人には笑顔を持って接し、握手には心を込める。誤解される心配などはせず、敵のことに心をわずらわさない。やりたいことをしっかりと心の中で決める。そして、まっしぐらに目標に向かって突進する。大きな素晴らしいことをやり遂げたいと考え、それを絶えず念頭に置く。すると、月日のたつに従って、いつの間にか、念願を達成するのに必要な機会が自分の手の中に握られていることに気がつくだろう。あたかも珊瑚虫が潮流から養分を摂取するようなものである。また、有能で真面目で、他人の役に立つ人物になることを心がけ、それを常に忘れないでいる。すると、日のたつに従って、そのような人物になっていく。……心の働きは絶妙なものである。正しい精神状態、すなわち勇気、率直、明朗さを常に持ち続けること。正しい精神状態は優れた創造力を備えている。すべての物事は願望から生まれ、心からの願いはすべてかなえられる。人間は、心がけたとおりになるものである。あごを引いて頭をまっすぐに立てよう。神となるための前段階――それが人間なのだ。

エルバート・ハバード…………✣

「不可能」という文字は、愚か者の辞書にしか存在しない。

ナポレオン…………✣

恐ろしくてできそうもないことを成し遂げれば、恐怖は必ず消滅する。

ラルフ・ワルド・エマーソン…………✣

この世を動かす力は希望である。やがて成長して新しい種が得られるという希望がなければ、農民は畑に種をまかない。子供が生まれるという希望がなければ、若者は結婚できない。利益が得られるという希望がなければ、商人は商売に取りかからない。

マルティン・ルター……✣

もし、からし種一粒ほどの信仰があるなら、この山に向かって「ここからあそこに移れ」と言えば、移るであろう。このように、あなたがたにできないことは、何もないであろう。

「マタイによる福音書」第十七章……✣

最大の名誉は決して倒れないことではない。倒れるたびに起き上がることである。

孔子……✣

目標をあくまで貫くことは、気概ある者の精神をがっちりと支える筋金の一本であり、成功の最大の条件である。これがなければ、いかなる天才でも方針を失い、ただやたらにエネルギーを浪費するだけである。

チェスターフィールド卿……✣

機会を逃すな！　人生はすべて機会である。一番先頭を行く者は、やる気があり、思い切って実行する人間である。「安全第一」を守っていては、あまり遠くへボートを漕ぎ出せない。

デール・カーネギー…………✣

現実の人生では、あらゆる偉業は信念にはじまり、信念によって第一歩を踏み出す。

アウグスト・フォン・シュレーゲル…………✣

我々は「この世」しか知らないが、「この世」はさらに大きな世界の一部であるかもしれない。そうした世界が存在すると信ずることは、この世で生を受けた者が果たすべき、最も大きな役割であると言えよう。「科学的」生活そのものは、「おそらく」という考えに大いに関係がある。そして総体に言って、人生のすべてはこの「おそらく」によって決定される。「おそらく」を抜きにしては、闘っても勝利は得られず、誠実な行為も勇気ある行為も行なえない。せっかく人に尽くしても、寛大にふるまっても、また科学的探索を行なっても、実験を行なっても、教科書をつくっても、誤りを犯しかねない。我々がこうして生きていられるのも、結局は絶えず危険を冒してはそれを征服するからである。「必ず実現する」という固い信念だけが、こうした本来実現するかどうかわからない結果を実現させるのである。

ウィリアム・ジェイムズ…………✣

たとえ信念があっても、達成できることはごくわずかなものだ。しかし信念がなければ、何事も達成できない。

サミュエル・バトラー……………✣

ほんの少しばかり勇気に欠けていたために、多くの才能ある人々が一生功を成すことなく終わっている。思い切って着手する勇気がなかったために一生無名に終わった、大勢の人間が毎日墓場へ送られる。こうした人々も実行に取りかかる決断さえついていれば、おそらく名声を上げていただろう。もし人に認められるようなことを行ないたければ、寒さや危険を恐れて、ぼんやりと立ちすくんでいては駄目だ。思い切って飛び込んで全力を尽くして泳ぎ渡れ！　これが冷厳な現実である。絶えず危険を見積もって、小手先の調整ばかりしていては駄目だ。万事大らかだったノアの大洪水以前なら、百五十年後の事業のことで友人に相談し、その成果を見届けるまで長生きすることができたろう。だがこの忙しい現代では、仕事の着手を手控えて思い迷い、あれやこれやと人と相談ばかりしていれば、いつの間にか六十歳を迎え、せっかく兄弟や親類や友人の助言に従おうとしても、もはやその時間はなくなってしまう。

シドニー・スミス……………✣

勇気はまさに人間に必要な第一の特質である。これが備われば、他の特質も自然に備わるからだ。

ウィンストン・チャーチル……………………✣

追いつめられた若者が意を決して、「世間」という暴れん坊のあごひげを引っ張ると、すっぽりと手の中に抜け落ちることがある。よく見直すと、それは、臆病者を追い払うためのつけひげなのだ。

ラルフ・ワルド・エマーソン……………………✣

度胸がほしければ、恐ろしくて手が出ないことに挑んでみることだ。これを欠かさずやり続けて、成功の実績をつくるのだ。これが恐怖心を克服するための、最も迅速でしかも確実な方法である。

デール・カーネギー……………………✣

自分を激励する秘訣は、自分に向かってこう言い聞かせることだ。「自分と大して知能の違わない、普通の出来の人間でさえ、難問題を解決した者が数え切れないほどいるのに、自分にできないことがあるものか」

ウィリアム・フェザー……………………✣

我々は決して降服もしなければ敗北もしない。最後の最後まで戦い抜くつもりだ。我々はフランスで戦うし海上でも戦う。ますます自信を固めて空中でも戦い抜くのだ。どんなに犠牲が大きかろうと、我々はこの国を守り抜くのだ。海岸で、上陸地点で、戦線で、市街地で、山岳地で、あらゆる所で戦い抜くのだ。我々は決して降服しない。そして、たとえ――私は一瞬たりともそんなことを信じないのだが――この全イギリス本土あるいは大部分が敵の手に落ち、国民が飢えに苦しむようなことがあっても、我々は海外の我が大英帝国の領土において我がイギリス艦隊に護衛されつつ、戦闘を続けるだろう。そしてついには、神の御心にかなった日に、海の彼方の新世界（アメリカ）が、その全軍事力と全軍隊を投じて、この旧世界を救い出し、解放するためにやってくるだろう。（一九四〇年六月四日、有名なダンケルクの死闘を終えた日に行なわれた演説。この熱烈な演説がアメリカを動かし、ついに参戦に踏み切らせた）

ウィンストン・チャーチル……………✣

今度、何かの手のつけられないような困難に出会ったら、思い切ってその中へ飛び込み、不可能と思っていたことを可能にすることだ。自分の能力を完全に信頼していれば、必ずやれる。

デール・カーネギー……………✣

自信は大事業を行なうための一番の必要条件である。

サミュエル・ジョンソン……✣

大事のためには、いつ何時《なんどき》でも自分の肉体、安寧、命さえもなげうつ心構えのない者は、何の値打ちもない人間だ。

セオドア・ルーズヴェルト……✣

人に望まれ賞賛される勇気は、美しく死ぬ勇気ではなく、男らしく生きる勇気である。

トーマス・カーライル……✣

苦しみを恐れる者は、その恐怖だけですでに苦しんでいる。

ミシェル・エケム・ド・モンテーニュ……✣

行動は必ずしも幸福をもたらさないかもしれないが、行動のないところに幸福は生まれない。

ベンジャミン・ディズレーリ……✣

人間は死を恐れるべきでない。こう言えるのは、私が死に何度も直面したからだ。その体験はまったく快いものだ。耳には美しい音楽が聞こえ、すべては甘美で静寂である——もがき苦しむことも恐怖もない。死に直面すれば、これほど容易でこれほど幸福な経験は生まれてはじめてだ、ということがわかる。

エディー・リッケンバッカー……………❖

いくら知恵があっても、これを使う勇気がなければ何の役にも立たないように、いくら信仰が厚くても、希望がなければ何の価値もない。希望はいつまでも人とともにあって、悪と不幸を克服するからである。

マルティン・ルター……………❖

事前にあわてふためいて、あとは悠然と構えているほうが、事前に悠然と構えていて、事が起こった時にあわてふためくよりも、利口な場合がある。

ウィンストン・チャーチル……………❖

恐怖心を克服するには、どんな手順で行動するか前もって計画し、そのとおりに実行すればよい。脇目もふらずに仕事に打ち込めば、恐怖心など忘れてしまう。

デール・カーネギー……………❖

たいていの者は、自分でも思いがけないほど、素晴らしい勇気を持っている。

デール・カーネギー……………✣

勇気とは恐怖心に抵抗することである。これは恐怖を全然知らないということではない。恐怖を我が物にするということである。人間にはどこか臆病なところがあるからこそ「大胆」というのがほめ言葉になるのだ。ノミがいい例だ。もし恐怖の欠如が勇気であるならば、ノミこそは神の創造した一番勇気のある生物である。相手が眠っていようと目覚めていようと、ノミは平気で攻撃をかける。ノミにとって我々人間に手向かうことは、赤ん坊が全世界の軍隊に手向かうようなものだが、ノミはいっこう気にしない。ノミは昼も夜も危険と死の真っただ中にいるが、千年も昔にあった、大地震が起こる前の、町を歩く人間のように、平気な顔である。クライヴやネルソンやプットナムを「恐怖を知らぬ者」として数え上げる場合、こうした連中に、もう一つノミをつけ加えることを忘れてはならない。――そして先頭に立たせることだ。

マーク・トウェイン……………✣

「もし太陽と月がおのれを疑わば、直ちに消え去るであろう」

詩人である私は、このウィリアム・ブレイクの詩が自分の作品であったら、とよく思ったものである。私は、計画に着手できない生徒がいたら、よくこの詩を引き合いに出して激励したものだ。自分自身を信ずることは、他のすべての信念の中心部分である。自信がなくなれば、人生は動きがとれなくなる。

もちろん、誰でも神経が高ぶる時がある。舞台に立ったり講演したりした経験のある者なら、いよいよとなって「あがる」とはどんなものであるか、よく知っている。最上の俳優は幕が上がる直前に一番「あがる」と、よく言われている。せりふを忘れるかもしれない、何か手違いが起こるかもしれない。――しかしいざ劇がはじまると、すらすらと進行するのが常である。

これと同様に、事を目前にして自信がなくなる事態は、ありとあらゆる人間活動に伴う。作戦の実施、詩人の作詩、セールスマンの初仕事、花嫁の初料理など、皆そうである。しかし、誰も彼もが失敗を恐れて行動を避けていたら、何事も決して成し遂げられない。

自分自身の能力が信じられないのは、あらゆる人間活動には、必ず他人の賞賛や叱責が大きく関係しているからだ。我々は理想的目標を立て、とても無理だと言って呻《うめ》くのである。

しかし本来世の中が不完全なのに、完成ばかり目指すのは危険である。最上の方法は、迷わずに目前の仕事に着手することだ。戦闘の結果がどうなるか、ケーキの焼け具合がどうなるかは、未来の手にまかせればよい。もし本当に最善を尽くしていれば、失敗を気にかけるひまなどなくなる。

ロバート・ヒリヤー……✣

とてもできそうもないと思える事柄でも、思い切ってぶつかることだ。恐怖心はあっという間に溶け去るだろう。

デール・カーネギー……………✣

進退きわまって四方八方敵だらけとなり、もう一刻も持ちこたえられないという気持ちになっても、決してそこであきらめてはいけません。情勢が一変するのは、まさにそれからなのですから。

ハリエット・ビーチャー・ストー……………✣

目の前に多くの困難が横たわっていると、つい身をかわして他の者に仕事を代わってもらおうという気になりがちだが、私はそんな卑怯なやり方はごめんだ。自分の職務に踏みとどまって、義務を果たすために頑張り通す覚悟だ。

ウィンストン・チャーチル……………✣

恐怖と悩みを克服するには、脇目もふらずに働くことだ！

デール・カーネギー……………✣

何事かを試みて失敗する者と、何事も試みないで成功する者との間には、はかり知れない相違がある。

ロイド・ジョーンズ……✣

恐れおののいている間はまだ災いは本格的でない。勇敢に立ち向かうべき時は、いよいよ手の下しようがなくなった時だ。

ウィンストン・チャーチル……✣

luck《ラック》（幸運）にPが加わってpluck《プラック》（勇気）となれば、鬼に金棒である。

作者不明……✣

大きな過ちを多く犯さないうちは、どんな人間でも偉人や善人にはなれない。

ウィリアム・グラッドストン……✣

信念は人を強くする。疑いは活力を麻痺させる。信念は力である。

フレデリック・W・ロバートソン……✣

世界史に残るような偉大で堂々たる業績は、すべて何らかの熱中がもたらした勝利である。

ラルフ・ワルド・エマーソン……………………✣

私は新内閣に加わった方々に述べた言葉を、今ここで議会に向かって繰り返したい。「私の捧げ得るものは、血、労力、涙と汗だけである」。我々は未曽有の大試練に直面している。我々の前には、長い苦悩と苦闘の年月が横たわっている。

「我々の政策は何か」と問われたら、私はこう答えるだろう。「それは、神が与えたまう限りのあらゆる力を動員して、海上に、陸上に、空中に、戦って戦い抜くことである。人類の罪悪史上いまだかつて例を見ない大暴君を相手に戦い抜くことである」。これが、我が国の政策である。

「我が内閣の目的は何か」と問われたら、私はただ一言「勝利！」と答えよう。あらゆる犠牲を払って勝利を得るのだ。どんな恐ろしい目にあおうと勝利を得るのだ。あらゆる困難を克服して勝利を得るのだ。勝利なくして、我々の生存はありえないからだ。（一九四〇年五月三日、ヒトラーがオランダ、ベルギーを席巻し、フランスに迫りつつあり、ソ連は独ソ同盟を結んでポーランドを分割、イギリスの運命が危機に瀕した時、新内閣を結成したチャーチルが下院で行なった演説）

ウィンストン・チャーチル……………………✣

恐怖心は、暴れん坊だが同時に臆病者である。恐怖心を克服するには、その存在を無視すればよい。あなたにはできるはずだ。

デール・カーネギー……………

長生きすればするほど、物事に没頭できる人は、人間として一番大切な資格または天性を備えている、と確信するようになった。成功者と失敗者の実力は、技量の点でも才能の点でも、大差はないようだ。しかし知能も技能も体力もすべて等しい二人の人間が、同時にスタートを切ったとすれば、没頭できる人間のほうが先に到達する。また、たとえ実力は二流であっても、物事に没頭できるタイプであれば、没頭できないタイプの一流の人間に勝つことが、しばしばある。

フレデリック・ウィリアムソン……………

愛してその人を得ることは最上である。愛してその人を失うことは、その次によい。

ウィリアム・メイクピース・サッカレー……………

不可能だと思わない限り、人間は決して敗北しない。

デール・カーネギー……………

年をとれば額にしわが寄るのは仕方がないが、心にまでしわをつくってはならない。

人生において重要なことは、大きな目標を持つとともに、それを達成できる能力と体力を持つことである。

ジェイムズ・A・ガーフィールド……………❖

自分のことで卑屈になったり、引っ込み思案になったりしがちなのを克服する最上の方法は、他人に興味を持ち、他人のことを考えることだ。気遅れなど嘘のように消え去ってしまう。他人のために何か尽くしてやることだ。常に人に親切を尽くし、友人のような心で接すれば、あなたはその素晴らしい結果に驚くことだろう。

ヨハン・ウォルフガング・フォン・ゲーテ……❖

デール・カーネギー…………………………❖

熱中する心がなければ、この世に進歩はありえない。

ウッドロー・ウィルソン……………………❖

どんな職業につこうと、成功に向かう第一歩は、その職業に興味を持つことだ。

サー・ウィリアム・オスラー………………❖

強い信念によって強い人間が生まれる。そしていっそう人間を強くする。

ウォルター・バジョット……✣

限りなく心を打ち込んでかかれる事柄であれば、人間はたいていのものに成功できる。

チャールズ・シュワッブ……✣

人間が臨終に際して、子孫に熱中する心を伝えることができれば、無限の価値ある財産を残したことになる。

トーマス・A・エジソン……✣

何か一つ趣味を持たない限り、人間は真の幸福も安心も得られない。植物学、蝶やカブトムシの採集、バラやチューリップ、スイセンの花づくり、釣り、登山、骨董――その他どんなものに興味を持とうと、その人の人生は素晴らしいものに変化する。趣味という馬を乗りこなせる限り、何の趣味でもかまわない。

サー・ウィリアム・オスラー……✣

あの太陽の輝くはるか彼方に、私の最も憧れている何物かがあります。たとえ、そこに達することはできなくても、私は頭を上げてその美しさを眺め、そこにあることを信じ、その指さす方向へついていくことができるのです。

ルイーザ・メイ・オルコット……❖

心を打ち込んで事に当たれば、右手を二本得たも同然である。

エルバート・ハバード……❖

熱中ほど伝染しやすいものはない。これこそ真のオルフェウス神話である。熱中は岩を動かし野獣をもうっとりさせる。それは誠意の守護神であり、これなくして勝利はありえない。

エドワード・ブルワー・リットン……❖

優柔不断は疑いと恐怖心を生み出し、行動は勇気を生み出す。恐怖心を克服するには、家に閉じこもってくよくよしていては駄目だ。外へ出て仕事に精を出すことだ。

デール・カーネギー……❖

自分が恐怖を抱いている事柄を一覧表にして、無意味なものはないか調べてみることだ。率直な気持ちで調べれば、その大部分が取るにも足りぬ恐怖であることがわかる。

デール・カーネギー……❖

我々は、安楽と贅沢が得られなければ人生の幸福はありえない、と考えているが、実際に人を真に幸福にするものは、何か我を忘れて取り組める事柄を持つことである。

チャールズ・キングズリー……………✣

ひとかどの人間になりたければ、物事に熱中できる人間になることだ。人に好かれるようになるし、機械のように毎日同じことの繰り返しばかりする退屈な人生から逃げられる。どんな分野でも先頭に立てるようになる。そうなるに決まっている、これが人生だから。仕事に全身全霊を打ち込めば、楽しさがどんどん増していくばかりでなく、人に信用されるようになる。ちょうど発電機を目撃した人間が電気を信用する気になるように。

ジョナサン・オグデン・アーマー……………✣

信念を持たない限り、人に信念を与えることはできない。自分で納得いかない限り、人を納得させることはできない。

マシュー・アーノルド……………✣

人生もフットボールも原則は同じだ。ラインに向かって突っ込め、ファウルするな。ボールから身をかわすな。ラインに向かって突っ込め。

失敗は成功の母である。落胆と失敗は、人を確実に成功に向かわせる二つの試金石である。この二つを自発的に研究し、何か今後に役立てられることをつかみ取ることができれば、これほどプラスになるものはない。過去を振り返ってみよう。失敗が成功の助けになった場合があるはずだ。

セオドア・ルーズヴェルト

天才は力の集結である。手に入れる価値があるものなら何でも手当たり次第に手に入れる人間は、猫を追うブルドッグのように、全身の筋肉を緊張させて、ただひたすらに自分の目標に向かって進む。

デール・カーネギー

男女を問わず物事に熱中できる人間は、自分と接触する人間を引きつけてやまない。まるで磁石である。

W・C・ホルマン

うんと熱中せよ。熱中は熱中を生む。

H・アディングトン・ブルース

私は口角泡を飛ばして熱弁をふるう人間が好きだ。泥のぬかるみになるより、間欠泉になって熱湯を吹き上げるほうがよい。

ラッセル・H・コンウェル……✣

私が心ゆくまで作曲したり、文章を書いたり、お祈りしたり、説教したりする時は、怒りを込めてやる必要がある。その時、私の血液は沸き立ち、私の理解力は研ぎ澄まされるのだ。

ジョン・G・シェッド……✣

彼は思う存分にそれを行ない、富み栄えた。

マルティン・ルター……✣

美徳は自信を生み、自信は熱中を生む。そして熱中は世界を征服する。

旧約聖書「歴代志上」……✣

雄弁に欠かせないものは誠実さである。自分に対して誠実な人間になれば、人を説得す

ウォルター・H・コッティンガム……✣

ることができる。

他人のために尽くすことだ。そうすれば、つまらない劣等感など、七月のトウモロコシ畑にかかる朝露のように、跡形もなく消え失せてしまう。

ウィリアム・ハズリット……………………✣

人は皆、深く根を下ろした興味や趣味を持つべきだ。精神は豊かになるし、生活がぐっと楽しくなる。そのうえ、趣味の種類と性質によっては、自分の国に対して貢献もできる。

デール・カーネギー……………………✣

目的をあくまで追求し、道徳を堅固に保ち、あくまで自分自身を守り通せば、あらゆる目標が達成できるとともに、この心構え一つで、一段と大きな仕事をする腹が決まる。

デール・カーネギー……………………✣

弁護士になろうとしっかり心に決めれば、それだけで目的は半分達成されたも同然である。……きっと成功してみせる、と決心することが、何よりも重要だということを、常に銘記すべきだ。

フレデリック・B・ロビンソン……………………✣

一度に一つずつ事を行なえ。あたかも自分の生死がそれにかかっているかのような気持ちで。

エイブラハム・リンカーン

事実を知れ——事実を抱き締めよ。すべての基本は熱中である。そして熱中は純真な心から生まれる。

ユージン・グレース

空気から歌は生まれない。自分が何を創造しつつあるか理解し、感じ取らねばならない。

ラルフ・ワルド・エマーソン

人の興味を引こうと思えば、まず自分が本当に興味を感ずることが必要だ。

アーヴィング・バーリン

真の熱中の持つ美と力について考えようではないか。そして自分であろうと他人であろうと、その目を開かせようと努力する時には、ほんの一つの熱意でも、抑えたり冷却した

ジョン・モーリー子爵

りしないように気をつけようではないか。

ジョセフ・タッカーマン……………✣

恐怖心を克服したければ、自分のことばかり考えていては駄目だ。他人を助けるように心がければ、恐怖は消え去る。

デール・カーネギー……………✣

熱中は性格をつくる原動力である。物事に熱中できなければ、いくら才能があってもいつまでも芽を出さない。たいていの人は、まだ使い方を知らない隠れた才能をたくさん持っていると断言してよかろう。たとえ教養があり、しっかりした判断力があり、考えが理知的であっても、心を打ち込んで思考し行動することを知らないうちは、隠れた才能の存在は、誰にもわからない――本人ですら知らないのだ。

デール・カーネギー……………✣

天才の生み出すものは、すべて熱中の産物に違いない。

ベンジャミン・ディズレーリ……………✣

もし私に涙を流させたければ、まず君自身が苦痛を感じることだ。

私は移民の子であったので、頑迷、思いやりのなさ、偏見のすべてをなめ尽くした。だが私は苦しまなかった。むしろ一段と努力に励むための鞭《むち》だと考えた。

ホラティウス

失敗は一種の教育である。「思考」とは何であるか知っている人間は、成功からも失敗からも、非常に多くのことを学ぶ。

バーナード・バルーク

私は災難の起こるたびに、これをよい機会に変えようと努力し続けてきた。

ジョン・デューイ

ジョン・D・ロックフェラー

「北風がバイキングをつくった」。スカンジナビアにこんなことわざがあるが、これは我々の人生に対する警鐘と考えることもできる。安全で快適な生活、楽しくのんびりした生活さえあれば人間は自然に幸福になり、善良になるという考え方は、いったいどこからきたのだろう？　それどころか自己憐憫におちいっている人間は、クッションの上にそっと寝かされていても依然として自分を哀れみ続ける。歴史を見ればわかるように、人間が自己の責任を背負って立てば、環境が良かろうと悪かろうと中程度であろうと、気骨のある人格が育ち、幸福が必ずやってくる。だからこそ、北風がバイキングの生みの親となったのだ。

ハリー・エマーソン・フォスディック……………✣

現代は演出の時代である。単に事実を述べるだけでは十分ではない。事実に動きを与え、興味を添えて演出しなければならない。興行的な手法を用いる必要がある。映画、ラジオ、テレビなど、皆この手法を使っている。人の注意を引くには、これによるのが何よりも有効だ。

デール・カーネギー……………✣

悲しみと苦痛は、やがて「人のために尽くす心」という美しい花を咲かせる土壌だと考えましょう。心を優しく持ち、耐え抜くことを学びましょう。……強い心で生きるために――言い換えれば、あせらずに、苦情を言わずに生きるために――できる限りの努力をすれば、いつかは楽しい満ち足りた生活を送れる日がやってきます。

ヘレン・ケラー……………✣

苦難は真理に向かう第一歩である。戦争であれ、嵐であれ、女の怒りであれ、苦難を見事に耐え抜いた者は、たとえ十八歳であろうと八十歳になっていようと、非常に貴重な体験をしたことになる。

バイロン卿……………………✣

分別と忍耐力に支えられた炎のごとき情熱を持つ人は、一番成功者になれる資格がある。

デール・カーネギー……………✣

どうすれば物事に熱中できるだろうか。まず自分の手がけている事柄のどんなところが好きか自分に言い聞かせて、嫌いな部分は捨てて、さっさと好きな部分へ移ることだ、それから夢中になって行動する——誰かに自分の好きな部分について聞かせてやる。なぜそうしたことに興味があるのか、教えてやる。

デール・カーネギー……………✣

我々は自分が胸に温めてきた計画の廃墟を積み重ねて、天へ向かう。失敗だと思っていたものが、実は成功だったということに気づきながら。

エイモス・ブロンソン・オルコット…………✣

苦さの味を知らぬ者は甘さもわからない。

困難とは作業衣を着た好機会にすぎない。

ドイツの格言……………………✣

兄弟よ、困難は偉大な心を育てる乳母である――この厳しい乳母は、揺り籠を手荒く揺すって、その養い児をたくましい、均整のとれた体の子に育て上げるのだ。

ヘンリー・J・カイザー………………✣

熱中は単なる上っ面だけのものでなく、内面から働きかける。熱中は、自分の取り組んでいる事柄の何かある一面に心底からほれ込む場合に、生まれてくる。

ウィリアム・カレン・ブライアント……………✣

デール・カーネギー……………………✣

あらゆる失敗は成功に向かう第一歩である。どこが間違っているか判明するごとに、我々は真実に向かって一歩ずつ進む。一回経験するごとに、うっかり犯しそうな失敗が一つ姿を消す。それだけでなく、何かを企てて完全に失敗に終わることは、めったにない。また、じっくり考えて得た理論であれば、どんな理論でも完全に誤っているということはない。うっかり犯しそうな失敗にも、真実を探求して得られる魅力が必ず潜んでいる。

ウィリアム・ヒューエル……………✣

失敗は、ある意味では成功に向かう本街道である。どこが間違っているかわかるたびに、真実とは何であるかを熱心に追求するようになる。そして新しい経験をするたびに、何らかの誤りが明るみに出てくるから、その後は心して失敗を避けるようになる。

ジョン・キーツ……………✣

苦難にまさる教育なし。

ベンジャミン・ディズレーリ……………✣

困難にあって倒れるようでは、汝の力はまだ弱い。

旧約聖書の格言……………✣

人生で最も大切なことは利益を活用することではない。それなら馬鹿にだってできる。真に重要なことは損失から利益を生み出すことだ。このためには明晰な頭脳が必要となる。そして、ここが分別ある人と馬鹿者との分かれ道になる。

ウィリアム・ボリソー……………✣

偉大な心はしっかりしたよりどころを持っている。卑小な心は願望しか持っていない。小さい心は不幸に慣れて大人しくなっている。偉大な心は不幸の上にそびえ立つ。

ワシントン・アーヴィング…………✣

人間の偉大さは、不運に対してどのように耐えるかによって、決まるものだ。

プルターク…………✣

熱中を得る方法は、自分の手がけている事柄を正しいと信じ、自分にはそれをやり遂げる力があると信じ、積極的にそれをやり遂げたい気持ちになることである。昼のあとに夜がくるように、ひとりでに熱中がやってくる。

デール・カーネギー…………✣

何かを成し遂げようという気持ちがなければ、世間のどこへ行っても頭角を現わせない。

デール・カーネギー…………✣

それが人生なのだ。A弦が切れることも、三本の弦で弾き終えることも。

ハリー・エマーソン・フォスディック…………✣

どんな不幸な人生からでも、利口者は何らかの利益を得る。一方、どんな幸福な人生からでも、愚か者は心を傷つけられる。

ラ・ロシュフコー……………✣

繁栄は偉大な教師であるが、苦難はさらに偉大な教師である。富は心を豊かにする。貧苦は心を鍛える。

ウィリアム・ハズリット……………✣

敗北は骨を固く鍛える。敗北は軟骨を筋肉に変える。敗北は人間を不敗にする。

ヘンリー・ウォード・ビーチャー……………✣

敗北とは何か。それは教育にほかならない。それは一段と優れた段階に達するための第一歩なのだ。

ウェンデル・フィリップス……………✣

光の存在が物を見えるようにし、また見えなくもしている。けれどたとえこのうえなく気高い創造物でさえ、暗黒と地上の影がなければ、いつまでも人の目に止まらない。そして天空の星も見えなくなる。

サー・トーマス・ブラウン……………

2

信ずる心

DALE
CARNEGIE'S
SCRAPBOOK

悩み事は次の三段階の解決策によって克服することだ。
一、まず最悪の事態を考えてみる。
二、どうしても避けられないとわかったら、あっさり覚悟を決める。
三、ついで、気を落ち着けて、事態の改善に取りかかる。

デール・カーネギー……✣

人生は砂時計のようなものだ。砂時計の二つの瓶はごく細い首でつながっていて、一度に砂粒一つしか通り抜けられない。

これが人生の真の姿である。たとえ多忙きわまる日でも、仕事のいっぱい詰まった時間は、一度にわずかずつ姿を現わす。人生はすべてこのとおりである。たとえ一日中に取り組む仕事、問題、心の緊張はおびただしくても皆、必ず一度に一つずつやってくる。

ジェイムズ・ゴードン・ギルキー……✣

忙しい状態に身を置くという単純なことで、なぜ不安をぬぐい去ることができるのだろうか？　そのわけは、ある法則――心理学が明らかにした最も基本的な法則のためである。その法則とは、どんなに優秀な頭脳の持ち主であっても、人間は一度に「一つのこと」しか思考できないというものだ。

デール・カーネギー……✣

過去を忘れ、他のことに一心に取り組む。これが私の悩み解決法である。

ジャック・デンプシー……………………❖

済んだことは済んだことだ。過去を振り返らず、希望を持って新しい目標に向かうことだ。

ジョージ・C・マーシャル将軍……………❖

過ぎ去ったことは決して気にかけるな。これも経験の一つと考えて、悩みは忘れ去ろう。目の前は常に困難だらけだ。振り返って過ぎ去った困難まで顧みる必要はない。

ハーバート・フーヴァー……………………❖

もし我々が、ただ手をこまねいて、家に閉じこもってくよくよ考えてばかりいれば、ダーウィンのいわゆる「ウィバー・ギバー」なる卵をどっさり孵化させてしまう。「ウィバー・ギバー」とは、人間の体をむしばみ行動力と意志力を骨抜きにしてしまう、時代遅れの幽霊にほかならぬ。

デール・カーネギー…………………………❖

時は悲しみと口論の傷を癒す。人は皆変わる。過去の自分はもはや現在の自分ではない。

悩む者も悩ます者も、時がたてば別人になる。

ブレーズ・パスカル……✣

私は何か問題を考えたい時、心の引き出しを一つ開ける。問題が解決するとその引き出しを閉め、また次には別のを開ける。眠りたい時には全部の引き出しを閉める。

ナポレオン……✣

今から一年もたてば、私の現在の悩みなど、およそ下らないものに見えることだろう。

サミュエル・ジョンソン……✣

私たちの人生を彩るさまざまな事象のうち、およそ九十パーセントは正しく、十パーセントは誤りである。幸福を願うのなら、やり方としては、正しい九十パーセントに力を集中し、誤った十パーセントは無視すればよい。もし苦悩と悲惨を願い、胃潰瘍になりたいのなら、誤った十パーセントに力を集中し、栄光に満ちた九十パーセントを無視すればよい。

デール・カーネギー……✣

心を傷つける鎖を断ち切り、悩みをきっぱりと捨て去った者は、幸福なるかな。

明日を耐え抜くために必要なものだけ残して、あらゆる過去を閉め出せ。

オウィディウス……✣

悩みは仕事よりも多くの人を殺す——悩みを奪い合う人間の数は、仕事を奪い合う人間の数より多いからだ。

サー・ウィリアム・オスラー……✣

過ぎ去ったものは、もはや再び帰らない。賢者は現在と未来について考えるだけで手一杯であるから、過ぎ去った事柄をくよくよ考えているひまがない。

エルバート・ハバード……✣

フランシス・ベーコン……✣

ジョージ・ハーバートは「夜は魂を脱ぎ捨てよ」と言っている。これは内省をしろというのではなく、服を脱ぐようにすっぽりと魂を脱ぎ捨てるのだ。その一日をなすこともなく過ごした罪も、誤りを犯した罪も、ともに脱ぎ捨てれば、翌朝新しい命を持った新しい人間として、目覚めるだろう。

サー・ウィリアム・オスラー……✣

恐ろしい悪夢にくらべれば、現在の恐怖のほうがまだましだ。

ウィリアム・シェイクスピア……………✣

明朗になろう。耐え切れぬほどひどい不幸など、ありえないのだから。

ジェイムズ・ラッセル・ローウェル……………✣

私はあきれ返った楽天家として通っているが、まさにそのとおりである。私は成功のことばかり考え、決して失敗のことを考えないからだ。こうして、知らず知らずのうちに不幸に背を向け、失敗を恐れる気持ちを消し去る。私はこうして自分の人生哲学を実行している。どんな仕事も必ず十分に検討して、自分の力でやれるのはどの程度か、はっきり見きわめることだ。それからこの目標をどうやって遂行するか計画を立てる。その際、他人の方法を真似てはいけない、自分独自の方法を考え出して計画することだ。

フェルディナンド・フォシュ将軍……………✣

私たちの疲労は仕事によって生じたのではなく、悩み、挫折、後悔が原因となっていることが多い。

デール・カーネギー……………✣

ふとっちょ卵が塀の上、
ふとっちょ卵が落ちちゃった。
王様の馬と王様の家来が
皆出て来てくっつけたけど、
もとどおりにはならないよ。

この古い童謡にあるとおり、王様の馬と家来が全部束になってかかっても、過去はもとどおりにはならない。いったんおがくずになったものをのこぎりで挽いてもはじまらない。

デール・カーネギー……………✣

私は実業界に入って間もなく、心配することの馬鹿らしさを思い知らされた。だから私は、難問には常にできる限り手を尽くすように心がけているが、もし目算が外れて、収拾がつかなくなったとしても、あっさり忘れることにしている。

ジュリアス・ローゼンウォルド……………✣

私は他に気がかりなことがあるとしても、それに関連する事柄すべてを忘れ去り、当面の仕事に没頭することにしている。その効果は実に素晴らしい。

ヘンリー・ウォード・ビーチャー……………✣

いらぬ取り越し苦労をするよりも、前もって考えたり計画するほうが大事だ。

ウィンストン・チャーチル……………………✣

大きな悲しみには勇気を持って立ち向かい、小さな悲しみには忍耐を持って立ち向かえ。一日の仕事を終えたら安らかに眠れ。あとは神が守ってくださる。

ヴィクトル・ユーゴー……………………✣

小さな事柄が人を悩ませるのだ。象が向かって来れば身をかわして逃げられもするが、ハエからは身をかわすことができない。

ジョシュ・ビリングス……………………✣

人間を殺すのは仕事ではない。悩みである。仕事は健康によい。けれど自分の力の限界以上に働くことはできない。悩みは歯車の錆である。機械が駄目になるのは、絶えず回転するからではなく、絶えず摩擦するからである。

ヘンリー・ウォード・ビーチャー……………………✣

問題を手際よく表現することによって、問題は半ば解決されている。

チャールズ・F・ケタリング……………………✣

一種類以上の問題を無理に抱えようとするな。世の中には三種類も問題を抱えている人がある――過去の問題のすべて、現在の問題のすべて、未来の問題のすべてを。

エドワード・エヴァレット・ヘール……✣

私たちが敵に憎しみを感じると、むしろ自分自身が敵に支配されることになる。そしてその支配力は私たちの睡眠・食欲・血圧・健康・幸福にまで及んでくる。敵について思い悩み、苦悶し、何とか仕返しの機会を狙っていると知ったら、敵は小躍りして喜ぶであろう！　私たちの憎悪は少しも敵を傷つけないばかりか、かえって私たち自身が、日夜、地獄の苦しみを味わうことになる。

デール・カーネギー……✣

満面にこぼれるような笑みをたたえ、肩をそびやかし、大きく深呼吸しながら歌の一節でも口ずさむことだ。歌でなくて口笛でもよい。口笛が駄目なら鼻歌でもよい。――早い話が、幸福に酔いしれているようにふるまいながら、同時に浮かぬ顔で沈み込んでいることは肉体的に不可能だということだ！

デール・カーネギー……✣

頭を悩ませる問題にぶつかった時でも、私は一時間以内にそうした悩みを追放して、「素晴らしきかな人生」と歓声を上げることができる。
私のやり方はこうだ。自分の書斎へ入り、目を閉じたままで私は本を一冊抜き出す。それがプレスコットの『メキシコ征服記』であろうとスエトニウスの『ローマ帝王記』であろうと、いっこうかまわない。なおも目を閉じたままで、行き当たりばったりにページを開く。それから目を開けて一時間読みふける。読めば読むほど、私は、世界が常に苦悶にあえいできたこと、文化が常に破滅の一歩手前にあったことを、痛感するのである。歴史書の各ページは、戦争、飢餓、貧窮、疫病、人間同士の非人道的行為について、あますところなく述べている。時間歴史をひもといてのち私は、なるほど現状はひどいには違いないが、過去にくらべるならはるかに良くなっていることをしみじみと悟る。これにより、大局的には世界はだんだん良い方向に向かっていることが把握でき、また私の悩みも、そのありのままの姿から検討できる。

ロジャー・W・バブソン……✣

不眠症で眠れないのは、不眠症を気にするからだ。なぜ気になるかと言えば、眠らないからだ。

フランクリン・ピアース・アダムス……✣

忍耐はどんな悩みにも効く名薬である。

私は貧乏と病気のどん底を生き抜いてきました。「あらゆる人に振りかかる悩みを、あなたはどうやって切り抜けてきたのですか」と尋ねる人があれば、私はいつもこう答えます。「私は昨日耐えました。今日も耐えることができます。そして明日のことは決して考えないことにしています」

プラウトゥス……

何かで悩みはじめ、頭の中が水車を動かしているエジプトのラクダのように回転しはじめると、私は体を十分に運動させて、こうした「憂うつな気持ち」を追い払うことにしている。

ドロシー・ディックス……

悩みに対する最良の解毒剤は運動である。悩みのある時は、できるだけ頭脳を使わずに筋肉を使うことだ。そうすれば、その効果にびっくりするに違いない。私はいつもこの手を使う。運動をはじめると、悩みはすぐに消えてしまう。

エディー・イーガン大佐……

もし世界中の人間の悩みを一つ所に積み上げてその人数に分け、平等に分配したら、たいていの者は自分の取り分に満足して立ち去ることだろう。

自分の悩みに「損害停止《ストップ・ロス》」の命令を出そう。これこれの事柄にはどのくらいの不安が相当するか決定する——そしてそれ以上の不安は断るのである。

ソロン

デール・カーネギー

幸福への道はただ一つしかない。それは、意志の力でどうにもならない物事は悩んだりしないことである。

エピクテトス

ずいぶん前のことだが、ある日私は不安と幻滅をおぼえ、私の一生は自分ではどうにもならない力で操られているように思われた。ある朝ふと新約聖書を開いてみると、次の一節が目に止まった。「我を地上に送りたまいし者、常に我とともにあり——父なる神は我を見捨てたまわず」。私の人生はその瞬間から一変した。それ以来、私にはあらゆることが永遠に違ったものとなった。一日として、この一節を繰り返さない日はなかった。近年、多くの人々が私のもとを訪れて助言を求めるが、私はいつも別れ際にこの励ましの言葉を伝えている。この一節に目を止めて以来、私はこの言葉によって生きてきた。私はこの一節とともに歩み、この中に平和と力とを見出している。私にとっては、これこそ宗教の真髄である。この言葉は、人生を価値あるものにするすべてのものの基盤となっている。何物にも代えがたい私の人生の教科書である。

ジョセフ・R・サイズー……✣

コロラド州ロングズ・ピークの山腹に一本の巨木の残骸がある。博物学者によれば、樹齢四百年の木だという。その木は、コロンブスがサン・サルバドルに上陸した頃は苗木であったし、清教徒たちがプリマスに定住した頃には若木に成長していた。その木は長い生涯の間に十四回も落雷に見舞われ、四世紀間には数え切れないほど多くの雪崩《なだれ》や暴風雨がその木を襲った。その木はひたすら生き抜いた。しかしながら、最後はカブトムシの大群が押し寄せ、その巨木を地上に倒してしまった。虫たちは樹皮を破って侵入し、少しずつではあるが間断のない攻撃によって、徐々に巨木の生命力を破壊してしまったのである。長い歳月に耐え、雷鳴を物ともせず、嵐にも屈しなかった森の巨木が、人間の指でひねりつぶされてしまう小さな虫たちのために、ついに倒されてしまったのだ。

ハリー・エマーソン・フォスディック……✣

些細なことをとやかく言うな。取るにも足りぬこと――人生のシロアリ――に自分の幸福を食いつぶされるな。

デール・カーネギー……✣

やるべきことは、遠くにぼんやり見えるものを見ることではなく、手近にはっきり見えるものを行なうことである。

トーマス・カーライル……✣

もはや手の施しようのない事態になったら、事態の成り行きにまかせるだけだ。

ヘンリー・フォード……✣

「記録を調べてみよう」。そして、こう自問するのだ。「平均値の法則によると、不安の種になっている事柄が実際に起こる確率はどのくらいだろうか？」

デール・カーネギー……✣

ひとたび決断を下し、あとは実行あるのみとなったら、その結果に対する責任や心配を完全に捨て去ろう。

ウィリアム・ジェイムズ……✣

一つ一つの問題の本質を正しくつかめ。仕事を分割して適当に時間割りせよ。

ベンジャミン・フランクリン……✣

人生の全体ばかりに気を取られて思い悩んではいけない。まだ自分の手元にくるかどうかわからない重荷の数と性質を、一目で読み取ろうとするな。むしろ問題が起こるたびに、「この仕事の手に負えない箇所はどこだろうか」と自問するのだ。この問いに正直に答えれば、自分でも赤面したくなるだろう！　次に思い出すべきことは、過去も未来も自分を押しつぶすことはできない、自分を押しつぶせるのは現在だけだ、ということである。その現在ですら、もし適当に分割してそれぞれの大きさの範囲を決めた上で、自分に問い直せば、取るに足りぬものとなる。

マルクス・アウレリウス……………✤

苦境に立って万事休した時には、できることがあれば、それをやる。できることがなければ、あとは忘れるだけだ。私は未来について決して心配しない。未来にどんなことが起きるかを予想できる人などいないからだ。未来に影響を及ぼす力は実にたくさんある！　それらの力を動かすものが何であるのか誰も知らないし、その力自体も理解できない。なのに、どうして悩むのだ。

K・T・ケラー……………………✤

人を憎むのは、ネズミ一匹追い出すために、家全体を焼き払うようなものだ。

ハリー・エマーソン・フォスディック…………✤

私は一文なしになっても悩みはしないだろう。悩んだところで何の益もないからだ。私は最善を尽くして、あとの結果は神におまかせする。

J・C・ペニー……✣

みじめな気持ちになる秘訣は、自分が幸福であるか否かについて考えるひまを持つことだ。

ジョージ・バーナード・ショー……✣

自分が今かかっている病気を我慢するほうが、決してかからないかもしれない病気について思い悩むより利口である。

ラ・ロシュフコー……✣

現在の重荷に耐え切れない人間はいない。現在の重荷に過去の重荷が加わるから、耐えられなくなるのだ。

ジョージ・マクドナルド……✣

有名な法律についての金言を掲げよう。「法律は小事に関与せず」。悩みから逃れて、心の安らぎを求めるならば、小事にこだわってはならない。

デール・カーネギー……✣

困難を予期するな。決して起こらないかもしれぬことに心を悩ますな。常に心に太陽を持て。

ベンジャミン・フランクリン……✣

取り越し苦労をして先のことにばかり目を向け、まだ嵐がやってこないうちから気をもんで、どうやって防ごうかとうろたえるようでは、神に対する信頼を失ってしまう。まだこれからどうなるかわからないのに、打つ手や失敗した時のことまで考えて、我が身を地獄におとしいれる時、我々は恐怖心を追放してくれるあの「完全な愛」（神）から、完全に見放されているのだ。

ヘンリー・ウォード・ビーチャー……✣

まず確かな事実を手元に集めることだ。公平な目でありとあらゆる事実を集めないうちは、問題に手も触れないことにしよう。

デール・カーネギー……✣

ついに起こらなかった害悪のために、我々はいかに多くの時間を費やしたことか！

トーマス・ジェファーソン……✣

今日気にかかることで、明日も気にかかることはめったにない。だから夜、床につく時、たいていの悩みに対しては、安心してこう言い聞かせられる。「お前には全力を尽くした。今後もう会うことはあるまい」

ウィリアム・クーパー……✣

私は未来のことを考えない。あっという間にやってくるからだ。

アルバート・アインシュタイン……✣

神の到来を待ち望む者は、自分が神の御手の中に現在いることがわからない。神と幸福は不離一体であるという信念を抱いて、あらゆる幸福を現在のこの一瞬の中に注ぎ込むことだ。

アンドレ・ジード……✣

落とし物の広告。昨日、日の出から日の入りの間のどこかで、それぞれ六十分のダイヤモンドをちりばめた貴重な時間を二つ紛失。なお拾い主には賞金なし。永遠に失われしゆえ。

結局のところ、最悪の不幸は決して起こらない。たいていの場合、不幸を予期するから悲惨な目にあうのだ。

ホレス・マン

一日を顧みて、どこか面白かった、楽しかった、本当に満足だったというところがなければ、その一日は無駄に過ごしたことになる。私にとって、それは神に背くことであり、よこしまなことなのだ。

オノレ・ド・バルザック

最悪の事柄を受け入れてしまえば、もはや失うものはなくなる。裏を返して言えば、どう転んでも儲けものなのだ！

ドワイト・D・アイゼンハワー

時間を浪費するな、人生は時間の積み重ねなのだから。

デール・カーネギー

ベンジャミン・フランクリン

一年前にあなたが悩んでいた事柄を思い出していただきたい。どうやってそれを切り抜けただろうか。そうした悩み事ばかり気にかけて、エネルギーを浪費しなかったろうか。結局そうした悩みは、ほとんどが取り越し苦労だったのではないか?

デール・カーネギー……✣

今日行ないたい善行があれば、すぐに実行せよ。決して明日まで延ばすな。

ジェフリー・チョーサー……✣

現在我々が経験している時間と状況は、それまでの時間と状況が積もり積もってできた結果である。これは大自然がこれまでに振り出した、あるいは振り出すことのできる、最上の賽《さい》の目である。

ラルフ・ワルド・エマーソン……✣

何より大事なことだが、我々は現在にしか生きられないのだ。過去を顧み、人生の一瞬たりとも無為に過ごしたことはなかったと言い切れる者は、最も幸福な人間である。

ヘンリー・デイヴィッド・ソロー……✣

現在の一瞬はこのうえなく素晴らしい一瞬である。今、夕食に五分遅れることは、十年間の大きな悲しみより重要である。

サミュエル・バトラー……………✣

いくら苦しくても現実をしっかり見つめることだ。目標をしっかり定める。いったん目標が定まったら、ありとあらゆる時間をその実現のために注ぎ込む。自分の決心が正しいかどうか心配して、貴重な時間を浪費するな。あくまでやり通せ！

デール・カーネギー……………✣

過ぎ去りし麗しき一日は、再び我がもとに帰り来たらず。

アルフレッド・テニソン卿……………✣

我々はここにいる。そしてそれは今だ。それより先のことについての人間の知識は、すべて月光のごとく取りとめがない。

ヘンリー・L・メンケン……………✣

常に現在の時間にしっかりしがみつけ。刻一刻すぎていく時間には、無限の価値がある。……私は現在に自己のすべてを賭けている。一枚のトランプに人が大金を賭けるように。

私は現在をそっくりそのままで、できるだけ高価なものにしようと努力しているのだ。

ヨハン・ウォルフガング・フォン・ゲーテ……………✣

今ここで征服できない時間は、永久に征服できない。今ここで楽しめない人生は、永久に楽しめない。今ここで賢明な生活を送らなければ、永久に賢明な生活はできない。過去はもはや存在せず、未来は誰にもわからないのだから。

デイヴィッド・グレイソン……………✣

もし、悩みに関して古今の大哲学者が書いた言葉のすべてを要約すれば、次の二句に尽きる。

「橋のたもとに行き着くまでは橋を渡るな」

「覆水盆に返らず」

デール・カーネギー……………✣

ありていに言えば、現在に生きる者はごく少ない。誰も彼も、現在以外の時に生きるつもりなのだ。

ジョナサン・スウィフト……………✣

一日一日の生活は君の社《やしろ》、君の宗教だ。

カーリル・ギブラン……………✣

悩み事は、散歩して忘れ去るのが一番だ。まあちょっと外へ出てみたまえ。ほら、悩み事なんか、翼が生えて飛んでいってしまう。

デール・カーネギー……………✣

いや、そうではない。大いなる時の川は、いつも同じ早さで、決して後を振り返らず、滔々《とうとう》と流れ続ける。——その流れを止めることさえできたら、全財産を投げ出しても惜しくないと思う時もあるし、もう少し流れを早めたいと思う時もある。だがいかに望もうと努力しようと、無駄である。人々が働いていようと眠っていようと、精を出していようと怠けていようと、喜びに身を躍らせていようと苦痛にあえいでいようと、大いなる時の川は、いとも楽々と流れ続ける。時の川が利用できるのは、「今日の生活」なる水車をまわす時だけである。一度目の前を流れ去れば、時の川は大いなる、再び還らざるとこしえの海に入る。また次の機会もあるだろう、次の流れも来るだろう。——だが利用されることなく流れ去ったものは、もはや完全に失われたのであり、再び我々のもとに帰ってはこない。

エドワード・ハワード・グリッグズ……………✣

もし「時」がこの世で最も貴重なものだとすれば、時の浪費ほど大きな浪費はあるまい。失われた時は二度と帰らないからだ。時はいくらあっても十分でないのが常だから、やるべきことはさっさと行なおう。価値あることを行なおう。精を出して事に当たれば、これまでよりてきぱきとやれるはずだ。

ベンジャミン・フランクリン……✣

私は明日を恐れない。なぜなら私は、昨日を知ったし今日を愛しているからだ。

ウィリアム・アレン・ホワイト……✣

君の毎分毎分を大切にすることをおすすめする。時間のほうは時間が自分で世話をするだろうから。

チェスターフィールド卿……✣

一度に一歩ずつ登れば、高い山でも踏破できる。

ジョン・ワナメーカー……✣

もし不幸の暗雲が頭上に覆いかぶさってきたら、今の仕事を達成する自信がない、と思い込んでいるだけだから、この気持ちを克服すれば不幸も消え去る。

幸福は今現われたかと思えば、またすぐ消え去る――回転する灯台のようなものだ。一瞬あかあかと輝いたかと思うと、もう消え去って跡形もない。だがもし年がら年中輝いていたら、人の目には止まらない。

デール・カーネギー……………✣

眠れなければ、ベッドの中でくよくよしていないで、起き上がって何かをすればよい。疲れるのは心配するからだ。眠れないからではない。

デール・カーネギー……………✣

子供には過去も未来もない、だから現在を楽しむ――大人はとてもそうはいかない。

ジャン・ド・ラ・ブリュイエール…………✣

明日をはじめる前に今日をすっかり終える。今日と明日との間に眠りの壁を置く。これをやり遂げるには、節制の心がけが必要だ。

ラルフ・ワルド・エマーソン…………✣

ある者は過去の記憶を蒸し返して、我と我が身をさいなみ続ける。ある者はまだ見ぬ罪におびえて、我と我が身を傷つける。どちらも愚かきわまることだ――過去はもはや関係がなく、未来はまだ来ぬ……。

セネカ

時の真の価値を知れ。引っつかめ。押さえつけろ。そしてその瞬間瞬間を楽しめ。怠けず、だらけず、ぐずぐずするな。今日できることを明日にまで延ばすな。

チェスターフィールド卿

解決策が得られるまで、問題をありとあらゆる観点から考える。だが問題が解決したら、もう二度と気にしないことだ。

デール・カーネギー

時間ほど浪費しやすいものはなく、時間ほど貴重なものはない。これがなければ、我々はこの世で何事もできないのだから。

ウィリアム・ペン

人生を楽しむべき時は今現在だ——明日や、来年や、まして死後の来世において人生を楽しむことはできない。一段と実りある来年の生活に備えるための最上の時は、充実した、完全に調和のとれた、楽しい今年の生活なのだ。豊かな未来をつくるという信念は、豊かな現在をつくるという信念を持たない限り、大して価値がない。今日こそ、常に我々の最上の日であるべきだ。

トーマス・ドライアー……………✤

時は言葉で言い尽くせぬほど素晴らしい万物の素材である。時があればすべては可能である。なければ何物も不可能だ。時が毎日我々に供給されるさまは、よく考えてみれば、まさに目を見張るような奇跡だ。

朝、目が覚める。そら！　君の手には、君の「人生」の大宇宙でこれまで織られたことのない、二十四時間という織糸が握られている。今や君はこの世で最も貴重な財宝を、自由にできるのだ。

この毎日毎日の二十四時間こそ、君の人生の糧である。その中から君は健康を、楽しみを、収入を、満足を、人からの尊敬を、――そして君の不滅の魂の発展を織り出すのだ。これを正しく、最も効果的に用いることは、最も差し迫った、最も胸躍らせる現実である。すべてはこれあってこそ可能である。君の幸福だって、これあってこそ可能である。

この今、手にしている「時」以外には、「時」は決して手にできない。今も、そしてこれまでも、我々は現在手にしている「時」しか持たないし、また持たなかったのだ。

アーノルド・ベネット……………✤

私は幼い日をミズーリ州の農場で過ごしたが、ある日、母の手伝いをしながらサクランボの種を取っていた時、急に泣き出してしまった。「デール、いったいどうしたの?」と母は尋ねた。私は泣きじゃくりながら言った。「死んで埋められる時に、まだ生きているんじゃないかと、怖いんだ」

その頃の私にとって、心配の種は尽きなかった。雷鳴がとどろくと、雷に打たれて死にはしないかと震え上がった。不景気に見舞われると、今に飢えで苦しむのではないかと気に病んだ。死んだら、地獄へ落ちるかもしれないとおびえた。年上の少年サム・ホワイトが私の耳を切り落としはしないかと恐れた――彼はそう言って私をおどかしたのだ。帽子をとって挨拶すると、女の子に笑われはしまいかと悩んだ。私と結婚してくれる女の子など一人もいないのではないかと心配になった。結婚した直後には妻とどんな話をすればよいのか気が気ではなかった。おそらく、どこか田舎の教会で式を挙げ、屋根にふち飾りのついた四輪馬車に乗って農場へ戻ることになるだろう……だが、帰りの馬車の中でどうやって話の継ぎ穂を見つけたらよいのだろう?

どうすれば、どうすればよいのだ? 私は畑を耕しながら、長い時間、この大地を震わすような問題に頭を悩ませていた。

年月がたつにつれて、私は徐々に自分が悩んでいたことの九十九パーセントは決して起こらないのを知った。

デール・カーネギー……………✣

我々は、明日を思いわずらうことで今日の経済性を台なしにしてしまうことがあまりにも多い。

ジョン・メイソン・ブラウン……✣

人間には何分、時が過ぎたか、はっきりわからないのだから、一時間をそっくり捨てるなんて、とんでもないことだ。

ベンジャミン・フランクリン……✣

これは主が設けられた日であって、我らはこの日に喜び楽しむであろう。

旧約聖書「詩篇」第百十八……✣

どうせ望みのものがすべて手に入らないのなら、心配と後悔で毎日を台なしにするのはよそう。ローマ時代の哲学者、エピクテトスによれば、哲学とは次の言葉に尽きる。「哲学とは、自分の幸福が外からの事柄にできるだけ左右されぬように心がけて、生きることである」

それゆえ哲学的に生きよう。

デール・カーネギー……✣

君たち一人一人は、この豪華客船よりもはるかに素晴らしい有機体であり、ずっと長い航海をするはずです。考えていただきたいのは、この航海を安全確実なものとするために、「一日の区切りで」生きることによって自分自身を調節することを学べということです。ブリッジに立って、とにかく大きな防水壁が作動している状態を見るといい。ボタンを押してみなさい。そうすれば、諸君の生活のあらゆる部分で鉄の扉が過去——息絶えた昨日——閉め出していく音が聞こえるでしょう。またもう一つのボタンを押して鉄のカーテンを動かし、未来——まだ生まれていない明日——を閉め出すのです。そうしてこそ、諸君は今日一日安泰です。過去と縁を切ることです。息絶えた過去など、死者の手に委ねましょう……愚か者たちを不名誉な死へと導いた昨日など閉め出すべきです……明日の重荷に昨日の重荷を加えて、それを今日背負うとしたら、どんな強い人でもつまずいてしまうでしょう。過去と同様、未来もきっぱりと閉め出しなさい。未来とは今日のことです……明日など存在しないのです……人が救われるのは今日という日なのです。エネルギーの消耗、心痛、神経衰弱は、未来のことを気遣う人に歩調を合わせて、つきまといます……そこで、前と後ろの大防水壁をぴたりと閉ざし、「今日、一日の区切りで生きる」習慣を身につけるように心がけるべきでしょう。

サー・ウィリアム・オスラー……………………✣

人間は常に時間が足りないとこぼしながら、まるで時間が無限にあるかのように、ふるまう。

セネカ……………………✣

未来に対する最上の準備は、現在をしっかり見つめること、なさねばならぬ義務を果たすことである。

ジョージ・マクドナルド……………✣

悲しげな目で過去を見るな。過去はもはや再び帰っては来ないのだから、現在をうまく生きるほうが賢明だ――現在は君の手元にあるのだから。幻のような未来を、男らしく堂々と迎えることだ。

ヘンリー・ワーズワース・ロングフェロー……………✣

私たちが失望落胆して、もはやレモンをレモネードに変える気力も失せたとしても、とにかく二つの理由のために私たちは現状打破を試みなければならない。つまり、どちらからいっても、すべてが得で、失うものは何もないからである。

第一の理由――成功するかもしれない。

第二の理由――たとえ成功しなくても、マイナスをプラスに変えようとするだけで、後ろを振り返らずに前方を見つめることになる。消極的だった考えが積極的になり、それが創造力を活動させ、我々を多忙にし、過ぎ去ったものを嘆く時間や気持ちはなくなってしまうだろう。

デール・カーネギー……………………✣

不可抗力に逆らうに足る十分な気力と体力を持ち合わせており、同時に新しい生活を創造するに足るだけの余裕を残している人間など、誰一人として存在しない。どちらか一方を選ぶしかなかろう。避けようのない人生の猛吹雪に大人しく従うのもよかろう——さもなければ、徹底的に抵抗して墓穴を掘るしかない。

私はミズーリの農場でこのような事例を目の当たりにしている。その農場にかつて多くの樹木を植えたことがあった。最初のうち、それらの木々は目覚ましい勢いで成長した。やがて猛吹雪が大小の枝に雪化粧を施し、厚い氷で覆ってしまった。その樹木は氷の重荷に大人しく頭を下げようとせず、敢然と抵抗したあげく、重みに耐えかねて折れたり、裂けたりして——結局は切り倒されてしまった。それらの木々は北国の森の掟を知らなかったのだ。私はカナダの常緑樹林を何百キロも旅したことがあるが、吹雪や氷で損傷を受けたトウヒやマツを見かけたことはない。これらの常緑樹林は身を屈する方法を、枝の垂らし方を、避けようのないものに同調する方法を知っている。

デール・カーネギー……………………✣

時の与えるあらゆる利益を迅速に利用せよ。

ウィリアム・シェイクスピア……………………❖

過去の過ちから役に立つ教訓を引き出すためと、高価な代償を払って得た利益を得るためでない限り、決して過去を顧みるな。

ジョージ・ワシントン……………………❖

憎しみは、他のどんなものよりもエネルギーを消耗する。その消耗のひどさは、重労働よりも病気よりも、ちゃんと理由があって心配する場合よりも、はるかにはなはだしい。だから憎しみの炎が自分の体の中へ入ってきたら、すぐさま消すことだ。その代わりに美しい考えを入れてやろう。我々の精力は神から授かった貴重なものだから、価値のあるものだけに費やさねばならぬ。

デール・カーネギー……………………❖

木を見て森を見ないのはよくあることだ。同じように、広い範囲を見るのに夢中になり、未来の利益にばかり目を奪われていると、現在手元にある機会はおろか、せっかく手に入る利益も目に入らなくなる。人生はただでさえ短いのに、時間を浪費するとさらに短くなる。

毎日毎日をきっぱりと終了せよ……。あなたは全力を尽くした。確かにへまもやったし、馬鹿なこともしでかした。そんなことはできるだけ早く忘れよう。明日は新しい日だ。明日をつつがなく、静かにはじめるのだ。

サミュエル・ジョンソン

明日のことを思いわずらうな。明日のことは、明日自身が思いわずらうであろう。一日の苦労は、その日一日だけで十分である。

ラルフ・ワルド・エマーソン

「マタイによる福音書」第六章

一、今日だけは、幸福でいよう。リンカーンは「たいていの人々は、自分で決心した程度だけ幸福になれる」と言ったが、まったく至言である。幸福は内部から生じる。外部の事柄ではない。

二、今日だけは、自分自身をその場の状況に順応させて、自分の欲望のためにすべてを順応させることは控えよう。自分の家族も仕事も運も、あるがままに受け入れて、自分をそれに合わせよう。

三、今日だけは、体に気をつけよう。運動をし、体を大切にし、栄養をとろう。肉体を酷使したり、軽視することは慎もう。そうすれば、体は意のままに動く完全な機械になるだろう。

四、今日だけは、自分の精神を鍛えよう。何か有益なことを学び取ろう。精神的な無精者にはなるまい。努力と思考と集中力を必要とするものを読もう。

五、今日だけは、魂の訓練のために三つのことをしよう。誰かに親切を施し、気づかれないようにしよう。ウィリアム・ジェイムズが教えているように、修養のために少なくとも二つは自分のしたくないことをしよう。

六、今日だけは、愛想よくしよう。できる限り晴れやかな顔をし、穏やかな口調で話し、礼儀正しくふるまい、惜しげなく人をほめよう。他人の批判やあら探しを慎み、他人を規則でしばったり、戒めたりすることをやめよう。

七、今日だけは、今日一日だけを生き抜くことにして、人生のあらゆる問題に同時に取り組むことをやめよう。一生の間、続けるとしたら、嫌気のさすような問題でも、十二時間ならば我慢できる。

八、今日だけは、一日の計画を立てよう。処理すべき仕事を一時間ごとに書き出そう。予定どおりにはいかないかもしれないが、ともかくやってみよう。そうすれば、二つの悪癖——拙速と優柔不断と縁が切れるかもしれない。

九、今日だけは、たった一人で静かにくつろぐ時間を三十分だけ生み出そう。この時間を使い、時には神について考えよう。人生に対する正しい認識が得られるかもしれない。

十、今日だけは、恐れないようにしよう。特に幸福になることを恐れたり、美しいものを楽しむことを恐れたり、愛することを恐れたり、私の愛する人が私を愛していると信じることを恐れないようにしよう。

シビル・F・パートリッジ

満足するための秘訣は、自分の手元にあるものをどうやって楽しめばよいか知っていること、そして、自分の手の届かないものに対する、ありとあらゆる欲望を捨て去ることである。

林語堂

自分の目の前にある事実そのものは、それをどんなふうに受け止め、考えるかということにくらべれば、それほど重要ではない。事実に対する考え方によっては、まだ何も手を打たないうちに、人を敗北させるかもしれない。事実に打ち負かされるのは、自分が事実に打ち負かされていると考えるからだ。

ノーマン・ヴィンセント・ピール

陽の当たる場所ばかり見ていれば、影は見えません。

今日は新しい日です。この日に注ぎ込んだものは、何でも取り出すことができます。たとえ失敗を、それも大失敗をやったとしても、またやり直す機会が常にあります。そして、何度も何度も試みては失敗したとしても、いつでも好きな時に出発し直せるのです。なぜなら、いわゆる「失敗」とは、倒れることでなく、ちょっととどまるだけのことだからです。

ヘレン・ケラー……✣

メアリー・ピックフォード……✣

幸福は人の地位とか財産には関係がない。まったく自分の考え方一つで、人は幸福にも不幸にもなる。だから毎朝自分にとってありがたいもののことを考えて、一日をはじめることだ。人の未来は自分が今日考えていることに非常に大きく左右される。だから希望と自信、愛と成功のことばかり考えるのだ。

デール・カーネギー……✣

いつも楽しく暮らすよう心がければ、外的環境から完全に、あるいはほとんど解放される。

ロバート・ルイス・スティーヴンソン……✣

一つの点で幸福になれなければ、他の点で幸福になればよい。こうした目標転換をするには処世訓はあまり役に立たない。なぜなら、健康と人柄のよさが一番の問題だからだ。多くの人間が幸福を追い求めるさまは、まるでうっかり者が帽子を追いかけるようだ。ちゃんと手にするか頭にかぶっているのに、自分では気がつかない。

ウィリアム・シャープ……✣

幸福は物事の味にあって、物事そのものにあるのではない。幸福になるのは、自分の好きなものを持っているからであり、他人がよいと思うものを持っているからではない。

ラ・ロシュフコー……✣

人間が幸福であるか不幸であるかは、その人の人生に起こるさまざまの出来事をどういう目で見るか、ということにかかっており、そうした出来事の性質そのものにはそれほど関係がないということを、私はますます信ずるに至った。

ウィルヘルム・フォン・フンボルト……✣

愚か者は幸福がどこか遠いところにあると思い込んでいる。利口者は幸福を足元に育てる。

幸運は毎月やってくる。だがこれを迎える準備ができていなければ、ほとんど見過ごしてしまう。今月こそ幸運を見逃すな。

ジェイムズ・オッペンハイム……✣

人を幸福にするものは、どれだけたくさんのものを持っているかということではなく、手持ちのものをどんなふうに楽しむかということである。

デール・カーネギー……✣

どんな時でもそうだが、今度も大変よい機会だ、それをどう扱うかさえ知っていれば。

チャールズ・H・スパージョン……✣

人間の幸不幸は運によるところも大きいが、その人の気質によるところも、これに劣らず大きい。

ラルフ・ワルド・エマーソン……✣

ラ・ロシュフコー……✣

チャンスが目の前に現われた時にこれをつかむ人間は、十中八九成功する。不慮の事故を乗り越えて、自力で自分のチャンスをつくり出す人間は、百パーセント成功する。

デール・カーネギー……………………✣

明朗は心の中に日光を照らし続ける。そして心を絶え間なく静けさで満たす。

ジョセフ・アディソン…………………✣

人生は将棋のようなものだ。自分の手中にあるものはチャンスではなく、駒の進め方だ。

テレンティウス…………………………✣

外からの出来事が人の運の良し悪しに大いに関係することは確かだ。これには、他人の好意、機会、関係者の死、その人の美徳ゆえの機会などが入る。だが、自分の運をどう発展させていくかの問題は、その人の手中にしかない。

フランシス・ベーコン…………………✣

君の運が破れた時は、私の言葉を思い出せ。
「運命の良し悪しにかかわらず、すべてに満足することだ」

ロバート・ヘリック……………………✣

幸不幸は、財産、地位、職業などで決まるものではない。何を幸福と考え、また不幸と考えるか——その考え方が、幸不幸の分かれ目なのである。たとえば、同じ場所で同じ仕事をしている人がいるとする。二人は、だいたい同じ財産と地位を持っているにもかかわらず、一方は不幸で他方は幸福だということがよくある。なぜか？　気の持ち方が違うからだ。

デール・カーネギー……✣

事の成り行きを運命の女神のせいにするのは大きな心得違いだ。彼女自身はまったく無力で「分別」の神に支配されているからだ。

ジョン・ドライデン……✣

上着は布地に合わせて裁断すべきだ。同様に、変化する環境に対して自分自身を合わせるようにしたほうがよい。

ウィリアム・R・イング……✣

いつ機会をつかむべきかということの次に、人生で最も重要なことは、いつ先立って利益をつかむかである。

ベンジャミン・ディズレーリ……✣

人生には目標とすべきものが二つある。第一は自分の欲するものを手に入れること、第二はそれを楽しむことである。数ある人間のうちでも、第二のことを実践できるのは賢者だけでしかない。

ローガン・パーサル・スミス……………✣

たくさん入れるものが人にあれば、一日には百ものポケットがあるものだ。

フリードリッヒ・ニーチェ……………✣

真の満足は、いかなる状況からも、その中のあらゆる価値を取り出せることにある。

ギルバート・キース・チェスタートン……………✣

幸福になる義務ほど過小評価されている義務はない。

ロバート・ルイス・スティーヴンソン……………✣

幸福はスウェーデンの夕日である——ちゃんと誰にも見えるのだが、たいていの者は別の方角に目を向けて、見逃してしまう。

マーク・トウェイン……………✣

人間は幸福を求めてこそ意味ある存在である。そしてこの幸福は、人間自身の中にある。つまり、自分が生存するために、毎日必要なものを満足させるところにあるのだ。

レフ・トルストイ……✣

多くの人々は、どこか他の土地へ行きさえすれば、何か他の仕事につきさえすれば、それですぐ幸福になれると考えているが、ちょっと考えものだ。だから自分の今手がけていることから、できるだけ多くの幸福を得ることだ。そして幸福になる努力を、またの日まで延ばさないことだ。

デール・カーネギー……✣

人間は、自分で努力して得た結果の分だけ幸福になる。ただしそのためには、何が幸福な生活に必要であるか知ることだ。すなわち簡素な好み、ある程度の勇気、ある程度までの自己否定、仕事に対する愛情、そして何よりも、清らかな良心である。今や私は、幸福は漠然とした夢ではないと確信している。経験と思考を正しく用いることにより、人間は自分自身から多くのものを引き出すことができる。決断と忍耐により、人間は自分の健康を取り戻すことすらできる――だから人生をそのあるがままに生きよう。そして感謝を忘れないようにしよう。

ジョルジュ・サンド……✣

人生はまさにブーメランだ。人に与えたものは手元に返ってくる。

デール・カーネギー……………✣

誰でも悩みや恐怖やさまざまの病気を追放できる。そして自分の心の持ち方を変えることにより、人生を一変させることができる。私にはわかっているのだ！　なぜなら、そうしたまさかと思われるような変容が実際に起こるのをこの目で何度も見届けてきたから。あまりにもたくさん見すぎて、もはや大して驚かないくらいだ。

デール・カーネギー……………✣

自分の今行なっていること、行なったことを心から楽しめる者は幸福である。

ヨハン・ウォルフガング・フォン・ゲーテ……………✣

ありとあらゆるものに心から興味を持ち、自分の道を歩むに従ってどんな時と機会が手を差し伸べているかをとらえる目を持ち、自分の手を置けるものは何物も逃さない者、そうした人間は、短い人生のうちに何と多くの素晴らしい冒険を手に入れることだろうか！

ローレンス・スターン……………✣

賽《さい》が投げられた自分の運命に自分自身を適応させよ。運命の女神が、ともに生きるように定めた仲間を愛せよ。

マルクス・アウレリウス……………………✣

ほとんどたいていの物事は、何の疑いもなく朗らかに受け入れれば、様相を新たにする。

ヘンリー・S・ハスキンズ…………………✣

この世でのあなたの主な目標は幸福である。幸福は健康とか名声には左右されない。もっとも健康は幸福に大いに関係があるが、しかし幸福になれるかどうかを大きく左右するものがたった一つある。それは物の考え方だ！　自分のほしいものが手に入らなければ、自分が今持っているものに対して感謝することだ。些細なものが手に入らないからと愚痴を言わないで、自分には感謝すべき大きなものがあることを常に考えるべきだ。

デール・カーネギー…………………………✣

真に人間らしい結びつきを得るには、人類が昔からやってきたとおりにすればよい。神から与えられた我々の境遇、幸運の星のもと、我が祖国に生まれた幸せを、スポーツマンのような態度で快く受け入れることだ。

ギルバート・キース・チェスタートン………✣

人生をあるがままに受け入れない者は、悪魔に魂を売り渡す。

シャルル・ボードレール……………………✣

幸福になる秘訣はできるだけ多方面に関心を持つこと。そして自分が関心を持つ人物や事物に対しては、なるべく腹立たしい気持ちを示さずに、できるだけ親しい気持ちで接することだ。

バートランド・ラッセル……………………✣

心は天国をつくり出すことも、地獄をつくり出すこともできる。

ジョン・ミルトン……………………✣

人間は、起こることよりも、起こることに対する見解によってひどく傷ついてしまう。

ミシェル・エケム・ド・モンテーニュ……………………✣

私たちが取り組むべき唯一最大の問題は、正しい考え方を選ぶことにある。もしこれができたら、私たちの問題にはことごとく解決の道が開けていくであろう。

デール・カーネギー……………………✣

人間にとって可能なあらゆる真に健康な楽しみを味わうことは、人間がはじめてこの世に創造された時以来、可能であったし今でも可能である。そしてこれらの楽しみが得られるのは主に心が平安である時である。麦が成長するのを見守る、畑で鋤や鍬をふるって息を切らす、本を読む、考える、愛する、望む、神に祈る——これらはすべて人間を幸福にする事柄である……。時おり疲れ果てた王や虐げられた奴隷が、この世の真の王国がどこにあるのかを見出し、庭の畑の一うねに無限で真の領土を建設することがある。

ジョン・ラスキン……………❖

私の言い方は、行く手をさえぎる不幸に対してことごとく頭を下げろと主張しているように聞こえるだろうか？　断じてそうではない！　それでは単なる運命論ではないか。事態を好転させるチャンスがある限り闘うべきだ！　けれども、常識で判断してもはや万事休すとなれば、「悪あがきをしたり逆転を望んだりしない」ことが正気の沙汰というものだ。

デール・カーネギー……………❖

幸福の秘訣は、自分がやりたいことをするのではなく、自分がやるべきことを好きになることだ。

ジェイムズ・M・バリー……………❖

我々は幸福も不幸も大げさに考えすぎている。自分で考えているほど幸福でもないし、かといって決して不幸でもない。

オノレ・ド・バルザック……………✣

黄金のように貴重な瞬間の機会を大いに利用し、自分の手に届く限りの良いものをつかみ取ることは、人生における偉大なる芸術行為だと言える。

サミュエル・ジョンソン……………✣

環境だけで人間の幸不幸が決まるのではないことは、明らかだ。幸福だとか不幸だとかいう気持ちのあり方は、こうした環境をどのように受け止めるかによって決定される。「天国は心の中にある」とはキリストの言葉だが、地獄もまた同様である。

デール・カーネギー……………✣

私が見てきた人生の最高の成功者たちは皆、常に朗らかで希望に満ちた人々であり、仕事は笑顔で行ない、人生に起こるさまざまの変化や機会を、楽しかろうとつらかろうと、男らしく堂々と迎える人々であった。

チャールズ・キングズリー……………✣

私が知っている成功者は、すべて自分に与えられた条件のもとで最善を尽くした人々であり、来年になれば何とかなるだろうなどと、手をこまねいてはいなかった。

エドガー・W・ハウ……✣

私たちは長い人生を歩む間に、どうにもならない不愉快な立場に立たされることが多い。それはどうにもしようがない。選択は私たちの自由である。そういう立場を天命として受け入れ、それに自分を順応させることができるか、あるいは、一生を台なしにしてまでも反抗し、神経衰弱になるか、いずれかである。

デール・カーネギー……✣

物事は自分の思うようにはならない。少しぐらいのことは黙って耐え忍ぶように心がけよう。無言というありがたい贈り物を身につけるように努力せよ。自分の煙草は息に吸い込んで、人に向かって煙を吐き出さないようにする。こうすれば、自分の愚痴や煙や煤《すす》で人を悩ませないで済む。

サー・ウィリアム・オスラー……✣

人を誘惑するけれど実際は手の届かぬ彼方にあるものや困難なものは、人を欺くだけである。大きなチャンスは自分の今いる場所で待ち構えている。

人間以外のありとあらゆる動物は、「生きること」の主な仕事とは、これを楽しむことにあるのを知っている。

ジョン・バロウズ……………✣

自分に欠けているものを嘆くのではなく、自分の手元にあるもので大いに楽しむ者こそ賢者である。

サミュエル・バトラー……………✣

自分の扱っていないものを求めて悩むのはやめて、同じくらい熱心な気持ちで、自分のすでに扱っているものを楽しもうではないか。自分の最上の所有物を取り上げて、もしそれがなかったら、どんなに懸命に探し求めていたことか、考えてみることだ。

エピクテトス……………✣

動作は感情に従って起こるように見えるが、実際は、動作と感情は並行するものなのである。動作のほうは意志によって直接に統制することができるが、感情はそうはできない。ところが、感情は、動作を調整することによって、間接に調整することができる。したが

マルクス・アウレリウス……………✣

って、快活さを失った場合、それを取り戻す最善の方法は、いかにも快活そうにふるまい、快活そうにしゃべることだ。

ウィリアム・ジェイムズ……………………❖

刑務所の鉄格子の間から、二人の男が外を見た。一人は泥を眺め、一人は星を眺めた。

フレデリック・ラングブリッジ…………………❖

たいていの者にありがちな問題は、せっかくこちらへ向かってくるチャンスに、目を閉じてしまっていることだ。チャンスを自分で探し求める者はごくまれだし、チャンスを見逃して痛い目にあってもまだ目を閉じている者が多すぎる。

デール・カーネギー……………………❖

実際に不運に見舞われてみると、それまで心配で張りつめていた気持ちはすっかり和らぎ、幸福は相対的なものだということを悟る。今度自分の身の上について愚痴を言いたくなっても、思いとどまって、この程度の不幸で済んでいることを神に感謝することだ。

デール・カーネギー……………………❖

いわゆる害悪と呼ばれるものの多くは、悩める者の心のあり方を、恐怖の態度から闘争の態度へと変化させることにより、気を引き締める強壮剤に変えることができる。

ウィリアム・ジェイムズ

あらゆる出来事の最も良い面に目を向ける習慣は、年間一千ポンドの所得よりも価値がある。

サミュエル・ジョンソン

レモンが手に入ればレモン水をつくれ、たとえ酸っぱくても捨ててしまうな。

ジュリアス・ローゼンウォルド

ささやかな機会を可能な限り利用できる点で、ある人は何と素晴らしい天才なんでしょう！　やっぱり私の信じるとおり、もし誰も条件が同じならば、成功はその人の手の中にあるのです。今少し冒険に乗り出し、今少し創造力を働かせれば、むやみに体を酷使したり、お金を無駄遣いしたりしなくても、人間はごく手近なものから、素晴らしいアイディアを生み出せるのです。アイディアを見出す目さえ持っていれば、自分の創造力を発揮できる分野はいたるところにあります。人より先に走り出す者こそ創造者なのです。

ヴィクトリア・サックヴィル・ウェスト

物事をあるがままの姿で受け入れよ。起こったことを受け入れることが、不幸な結果を克服する第一歩である。

ウィリアム・ジェイムズ

真の心の平和は、最悪の事柄をそのまま受け入れることによって得られる。心理学的に考えれば、エネルギーを解放することになるからであろう。

林語堂

人間は自分に起こった問題を環境のせいにする癖をやめねばならぬ。そして自分の意志を——信念と道徳に基づく自分自身の取るべき道を——再び訓練することを学ぶべきだ。

アルベルト・シュバイツァー

人生のどんな状況にあっても、自分自身と対話し、この対話によってどれだけ得るところがあるか自問することを忘れないことだ。

エピクテトス

次の心がけを人生のモットーにしよう。「人に対する憎悪、不信、不親切を心の中に起こさせる事柄は、すべて忘れよう」。いつ何時《なんどき》でも忘れる方法がある。そうした事柄についての考えを自分の心の中に忍び込ませないようにするのだ。もし親切で、寛大で、幸福で、自分のプラスになる事柄だけを考えるよう心がければ、心の中のどこにも憎しみなどは起こらない。そして人生は満足感で満たされるようになる。

デール・カーネギー……………………✣

愉快な考え方をすれば、私たちは愉快になるだろう。みじめなことを考えはじめたら、みじめになる一方であろう。恐ろしいことを思い浮かべれば、恐ろしくてたまらなくなるはずだ。病的なことを考えれば、病気になるに違いない。失敗するのを気にしたら、間違いなく失敗してしまう。自分ばかりかわいがるならば、他人からは敬遠され、皆が寄りつかなくなるだろう。

デール・カーネギー……………………✣

人は自分の問題を環境のせいにばかりしている。私は環境など信じない。世間で頭角を現わす人物は、自分の望む環境を自ら探し求める人物であり、もしそれが見つからない時は自分でつくり出す人物である。

ジョージ・バーナード・ショー……………………✣

人間の最上の財産は彼の足元にある。

私はチャンス到来に備えて学び、いつでもすぐ仕事にかかれる用意ができている。

ホートン卿……………………✣

我々の人生とは、我々の思考がつくり上げるものにほかならない。

エイブラハム・リンカーン……………………✣

どんなに金言名句をたくさん知っていても、どんなに良い気質を備えていても、機会が来るたびに具体的に行動に出なければ、人格は少しも向上しない。単に良い意図を持っているだけでは、人生はまさに地獄絵図になるだけである。

マルクス・アウレリウス……………………✣

幸福とは、どれだけ豊富な知識があるかの問題ではない。知識をどれだけ活用するかの問題である。どんな教育を受けたか、どんな訓練を受けたかの問題ではない。自分がどんな人間であるか、どんなことができるかの問題である。

ウィリアム・ジェイムズ……………………✣

ジョサイア・G・ホランド……………………✣

ご存じだろうか、一日中礼儀正しく朗らかな気持ちで仕事をすれば、一日中腹を立てて仕事をした時よりも、夜寝る時の疲労がずっと少ない、ということを。にこにこ朗らかにしていれば緊張がほぐれる。疲れるのは仕事のせいではない、心の持ちようが悪いのである。この方法を一度試してみることだ。

デール・カーネギー

環境が人間を守るのではなく、人間が環境をつくり出すのである。奴隷が実は自由人であるかもしれないし、王侯が実は奴隷であるかもしれない。環境はつくり方次第で高貴ともなり卑しくもなる。

フレデリック・ロバートソン

「幸福になる」という決心をしてその決心を貫き通せば、本当に幸福になれることをご存じだろうか。人が幸福になるかどうかは心の持ち方次第である。財産や名声では決して決まらない。次に幸福になるための心得を挙げてみよう。

一、あくまで自分独自の人生哲学を築き上げるように心がける。他人の言葉や行動に動かされて、自分の信念がぐらつくようでは駄目だ。

二、気が滅入る時には、天気のよい日に景色のよいところへ散歩に行く。自分の周囲にどんなに美しいものがあるか考えてみる。これを実行すれば、その瞬間には完全な不幸はありえない。この瞬間にその一日の、一週間の、一カ月の、あるいは一年の、心の持ちようが決まるのだ。
三、美しい詩を読み、美しい音楽に耳を傾ける。
四、（これが最も幸福を生む働きがある）他人に親切を尽くす。
五、女性の場合、家の中をきちんと整頓し、常に美しくしておく。
六、できるだけ健康を保つ。リウマチや関節炎、神経炎、高血圧その他慢性になりやすい病気に自分でかかる必要はない。そんな病気にかかるのは、自分の体を粗末にするからだ。
七、趣味を持つこと。何か自分が今まで興味を抱いていたものを趣味にすることだ。

デール・カーネギー……………………

毎時間ごとに自己と対話すれば、勇気ある物の見方、幸福になる物の見方、力強い物の見方、安らかな物の見方ができるように、自分を方向づけることができる。あなたが感謝すべき事柄について自己と語り合えば、心は天高く昇って歌を歌いたくなる。

デール・カーネギー……………………

私を傷つけるものは私自身である。私が受ける傷は、本来私自身が持っている傷である。私自身のもたらした悩みを除いては、そうした悩みはすべて幻にすぎない。

自分の人生の形成は、自分でやるべき仕事である。これが美しく仕上がるのもみっともなくなるのも、自分次第である。こうして隅々をつくり、部分をつなぎ、均整のとれた形をつくり、最後の仕上げをする。やり方次第では、永遠に美しい楽しいものになるかもしれない。もし神から与えられた栄光から人生を遠ざけるようなことがあれば、神よ、我らを許したまえ！

聖ベルナール……………………✣

機会を利用できない者にとって、「機会」とは、時の波が虚無の海へ流し去る、決して孵化しない卵である。

ジョージ・エリオット……………………✣

賢者は自分に与えられるより多くの機会をつくる。

フランシス・ベーコン……………………✣

毎朝自分自身に励ましの言葉をかけるなんて、馬鹿馬鹿しい子供じみたことであろうか？そうではない。これこそ健全な心理学の真髄とも言うべきものだ。「我々の人生とは、我々の思考がつくり上げるものにほかならない」。この言葉は十八世紀も前にマルクス・アウレリウスが『自省録』に書いた時と同様、今日でも真理なのである。

デール・カーネギー……………………✣

善悪をつくるもの、幸不幸をつくるもの、貧富をつくるもの、それは人の心である。

エドマンド・スペンサー………………✣

ダンからベールシェバまで聖地巡礼で来て、「皆、荒地だ！」と叫ぶ者は、気の毒である。そういう見方をすれば、まさにそのとおりだ。同時に、全世界の提供してくれる果実を栽培できない人間にとっては、世界は荒地にすぎない。

ローレンス・スターン…………………✣

社会および世界とのあらゆる関わり合いにおいて、それぞれの人物や事物の隠れた価値に絶えず注目する優れた観察者——したがってそうした人物や事物を見れば、どんな種類と程度の注意を払うべきか、直ちに悟る者——こういう人間であれば、経験から何物かを生み出すことができる。

ジョン・フォスター…………………✣

成功の秘訣は、よい機会がやってきたら、直ちに迎えられる心構えができていることだ。

ベンジャミン・ディズレーリ……………✣

私たちの手の中には、数知れない小さなものが毎日落ちてきます。それは小さい好機です。神様は私たちが利用するのも悪用するのも自由なように、これを残していかれるのです。そして相変わらず静かに、ご自分の道を歩まれるのです。

ヘレン・ケラー……………✣

誰でも朗らかな友人に接すると、まるであたり一面に光をまき散らす快晴の日を感じさせられる。我々のほとんどの者は、自分の選ぶままにこの世を宮殿にも、牢獄にもできる力を備えているのだ。

サー・ジョン・ラボック……………✣

時はどんな代償を払っても決して「帰ってこない」。もし時がほしければ、自分の手でつくることだ。

チャールズ・バクストン……………✣

多くの者は、子供が海岸で遊ぶ時のように到来した機会を取り扱う。小さな両手いっぱいに砂をつかみ、少しずつ指の間から落としてついに全部なくしてしまう。

トーマス・ジョーンズ……………✣

過去を建設的なものにする方法は、天下広しといえども、ただ一つしかない。過去の失敗を冷静に分析して何かの足しにする――あとは忘れ去ることだ。

デール・カーネギー……………✣

私は信じます。私たちは主の教えに従うことにより、この世に生きられるのです。そして、主の「汝の隣人を愛せよ」という言葉に従えば、このうえない幸福が世に訪れるのです。

私は信じます。人と人との間に起こる問題はすべて宗教的問題です。そして人間社会に起こる過ちはすべて道徳的過ちです。

私は信じます。私たちは神の御心を成し遂げることにより、この世に生きられるのです。天国において神の御心が成し遂げられるように、地上においてもそれが成し遂げられる時、誰も彼もが人間を自分たちの同胞として愛するようになり、自分たちにしてほしいと思うことを人に対しても行なうようになります。お互いの幸福はすべての人の幸福と密接につながっているのです。

私は信じます。人生は、私たちが愛を通して成長するためにあるのです。そして、太陽が花の美しい色彩と香りの中に存在するように神が私の中に存在するのです――神は私の暗黒を照らす光であり、私の沈黙に呼びかける声なのです。

私は信じます。「真理の太陽」はかすかな光として、人の上に輝いては消えるのです。愛は最後には、神の王国を地上に実現するのです。その王国の礎石は、自由・真実・兄弟愛と、奉仕です。

私は信じます。善は決して失われません。善を求め、望み、夢見たすべての人間は、永遠に存在するでしょう。

私は魂の不滅を信じます。それは、私の内部に不滅への憧れがあるからです。私たちが死んだ後に訪れる国は、私たち自身の動機、考え、行ないからつくり出されたものに違いありません。

私は信じます。あの世では、私がこの世で持っていない感覚が得られるのです。そしてあの世で私の住む家には、私の愛する花々や人々の織りなす、美しい色彩、音楽、言葉が満ちています。

こうした信念がなければ、目も見えず耳も聞こえず言葉も語れない私の人生は、ほとんど無意味でしょう。私は「暗黒の中に立つ暗黒の柱」にすぎなくなるでしょう。肉体的感覚を十分に満喫している方々は、私を哀れだと思います。しかしそれは、私が喜びとともに住んでいる私の人生の黄金の部屋が、その方々には見えないからです。私の行く手はこうした人々には暗黒に見えるでしょうが、私は心の中に魔法の明かりを持っています。私の信念が精神的な探照灯となって、私の行く手をあかあかと照らしてくれます。そしてたとえ影の中に不吉な疑いが潜んでいようとも、私は恐れることなく「魅惑の森」へと入っていきます。そこには木々の葉はいつまでも青く、喜びが常にあり、ウグイスは巣をつくって歌っています。神の存在の前では生も死も同一なのです。

ヘレン・ケラー……………✣

祈りはまさに宗教の魂であり、精髄である。だから祈りは人生の核心である。宗教心を持たずしては、何人《なんぴと》も生きられないからだ。

マハトマ・ガンジー……………✣

あたかもすべてが神の御心であるかのような気持ちで祈りなさい。そして、すべてが人間の心がけ次第であるという気持ちで働きなさい。

フランシス・J・スペルマン枢機卿……………✣

鏡の国に行ったアリスに向かって、白いチェスの女王が言った。「この国を支配するのは、明日のジャムや昨日のジャム、でも決して今日のジャムじゃないのよ」。たいていの者はこれと同じだ——昨日のジャムを煮つめて、明日のジャムのことを心配する——今日のジャムをパンにたっぷり塗ろうとしないで。

神は偉大である。だから求められる。神は善良である。だから見出される。
もし悲しみの日に、雲間から神が見守ってくださるのなら、地獄の火の柱の中からも見守ってくださるはずだ。そして夜が近づくにつれ、我々の行く手を明るく照らしてくださる。

デール・カーネギー……✣

神は我々の善を求めて、御業《みわざ》に励んでいらっしゃる。富み栄える時、神は我々に感謝の心を試す。平凡な生活にある時、神は我々に満足の心を試す。不幸な時には従順の心を試し、暗黒にある時には信仰を試し、誘惑の手の伸びる時は、意志の強固さを試す。そして常に神に対する我々の帰依と信頼を試す。

神は世界を支配する、我々にできることは、ただ賢明に人間としての義務を果たすことだけである。そして、そのあといっさいを神の手に委ねる。

ジョン・ジェイ……✣

ある種の思考は祈りである。体のほうがどんな態度を示そうと、魂のほうはひざまずいている場合がある。

ヴィクトル・ユーゴー……✣

人生で学ぶべき最も難しく、多くの者が一生習得できない勉強は、これである。平凡なもの、手元にあるものの中に、神聖なもの、天上的なもの、清らかなものを見出すことである。つまり、天国はこの世の、我々のそばにある、ということを見出すことである。

ジョン・バロウズ……………✣

祈りは神を変えず、祈る者を変える。

セーレン・キェルケゴール……………✣

人間の本性のうちで最も悲劇的なことといえば、どの人でも人生から逃避したくなるという点であろう。私たちは誰も、水平線の彼方にある魔法のバラ園を夢見ている。そのくせに、我が家の窓の外で今日も咲き誇るバラの花など見向きもしないのだ。

デール・カーネギー……………✣

信仰はその家の隠れた家宝である。

ヨハン・ウォルフガング・フォン・ゲーテ……………✣

人生は神の手によって書かれたおとぎ話である。

ハンス・クリスチャン・アンデルセン……………✣

神という至高の存在を信ずる者は神の力により強力となり、神の英知により賢明となり、神の幸福により幸福となる。

ジョセフ・アディソン……✣

信仰は目に見えぬものを信ずることである。そして信仰の報酬は、信ずるものを見ることができることである。

聖アウグスティヌス……✣

信仰を持って闘えば、我々の武装力は二倍になる。

プラトン……✣

皆さんも私も、この一瞬に永遠不滅な二つのものが出会う場所に立っている。無限の彼方から続いている膨大な過去と、すでに刻まれた時の末端につき刺さっているに等しい未来との境目にいるわけである。たぶん私たちは、この永遠不滅なもののどちらで生きることも許されない――たとえほんの一瞬の間でも。その不可能なことをしようとすれば、私たちの肉体も精神も、ともに破滅するだけだ。だから、私たちは自分が生きられる時間、言い換えると、今から就寝までの時間を生きるだけで満足しようではないか。

我々現代人の生活に対する最も恐ろしいことの一つは、病院のベッドの半数が、累積した過去の重荷や、不安だらけの未来に押しつぶされた神経症や精神障害に悩む患者たちによって、占められているという事実であろう。しかも、彼らが「明日のことを思いわずらうな」というキリストの言葉や、「今日一日の区切りで生きよう」というサー・ウィリアム・オスラーの言葉に注意を向けてさえいたら、彼らの大部分は今日も幸福で実り豊かな生活を送ることができたはずなのだ。

デール・カーネギー……✣

私が全能の神の持つ力と英知と御業《みわざ》に満足を感じ、一段と信頼を深めたくなる時、私は牧場に入り、きらめく流れのそばを歩く。見よ、ユリは何の憂いもなく花を開き、小さな数々の生き物は、(人間にはわからないが)自然の神の善の力により創造され、育まれている。私は神の存在を信ずるのである。

アイザック・ウォルトン……✣

明日のことは配慮すべきである。細心の注意を払って計画し、準備すべきである。だが、心配するには及ばない。

デール・カーネギー……✣

たとえ疑いをいっぱい持っていても落胆する必要はありません。健やかな質問はその人の信念を力強いものにします。はっきり言って、疑いの心から出発しなければ深く根ざした信念は得られません。軽々しくよく考えもしないで信じる人はたいした信念を持っていません。何物にも揺るがない信念を持っている人は、血と汗を流した結果それを勝ち得たのです――棘《とげ》だらけの藪《やぶ》を通り抜けて広々とした世界へ到達し、疑いの世界から真実の世界へ達したのです。

デール・カーネギー…………❖

ヘレン・ケラー…………❖

人生とは、今日一日一日のことである――確信を持って人生だと言える唯一のものである。今日一日をできるだけ利用するのだ。何かに興味を持とう。自分を揺すって絶えず目覚めていよう。趣味を育てよう。熱中の嵐を体中に吹き通らせよう。今日を心ゆくまで味わって生きるのだ。

デール・カーネギー…………❖

祈りを捧げるために費やされた時間は、どんな薬より心臓や神経の悩みによく効く。

ジョージ・デイヴィッド・スチュアート…………❖

私は夜、ベッドに入る前に、必ずお祈りをする。私のお祈りはもう何千回となくかなえられた。お祈りをすると、必ず何かよいことがあった。

ジャック・デンプシー……………✣

求めよ、そうすれば、与えられるであろう。探せ、そうすれば、見出すであろう。門をたたけ、そうすれば、あけてもらえるであろう。

「マタイによる福音書」第七章……………✣

私は全力を尽くしました。今や私の努力に対する答えは神の御手の中にあります。もしこの国が救われるとすれば、それは神の思し召しだからです！　このように神に報告した時、重荷は私の肩から転げ落ちた。不安でたまらなかった心から解き放たれ、その代わりにどっしりした信頼の心が訪れたのだ！

エイブラハム・リンカーン……………✣

真の信仰心から、そして心の底からひたすら神のもとを訪れる者には、そのすべての願いが聞き入れられ、求めていたものが与えられる。

マルティン・ルター……………✣

悲しみで心が張り裂けそうになった時、その人は森の奥で道を失った旅人のようになります。恐怖は募り、どこへ行けばいいのか全然わからなくなり、道を見出そうとしては、木や石に体をとられます。ところが道はちゃんとあるのです。信仰の道が——。これをたどっていけば、迷路のような森の奥から、求める大通りへと出られるのです。

ヘレン・ケラー……………✣

今日という日は、悩みや後悔の硫酸で腐らせてしまうには、あまりにも貴重な日だ。頭をしっかり上げて、山の渓流に反射する光に、きらきらと考えを輝かせよう。今日という日をしっかりつかまえることだ。二度と帰って来ないこの日を。

デール・カーネギー……………✣

我々は、あの力強い友人のことを忘れたのか。それとも、もう彼の助けはいらないとでもいうのか。長生きすればするほど、私は次の真実を証明する例を何度も見てきた。神は人間の業《わざ》を支配する。もし雀一羽でさえも神に見守られずして地上に落ちることがないとすれば、神の助けなしに一大国家を建設できるはずがないではないか。

ベンジャミン・フランクリン……………✣

私が仲よくせねばならぬ人物が二人ある。神とこの私ガーフィールドだ。この世では私はガーフィールドとともに暮らさねばならない。あの世では神とともに生きる。

ジェイムズ・A・ガーフィールド……………✣

神様という友人に対して素朴に子供のように信頼を捧げることは、ありとあらゆるところからやってくる問題を解決してくれます。どちらの方向に足を向けても困難が私たちを待ち受けています。人生ある限り困難は必ずついてまわります。こうしたものはその人の人格からつくり出されるのです。困難に立ち向かう一番確実な方法は、自分は不滅であると信ずること、そして一睡もしないで見守ってくれる友人があること、その友人は信じて委ねさえすれば私たちをじっと見守ってくれ、導いてくれることを信じることです。この考えを心の奥底にしっかりすえつけておけば、ほとんどすべての望みはかなえられます。それは自分の考えていた事柄にとどまりません。持てる限りの美を自分で運んでくることもできます。どんな傷を負っても優しい共感がこれを償ってくれます。苦痛の中から忍耐と甘美さのスミレが花を開かせます。予言者イザヤの唇に触れ、彼の魂を燃やした聖なる火が燃え立ちます。そして宵の明星とともに満足が訪れるのです。もし克服できるものが無制限にあるならば、人間の経験の素晴らしい豊かさは、その報われる喜びの一部を失います。山の頂上に立つ喜びは、もしそこへ至るまでに越えるべき暗い谷間が一つもなければ、半減されるでしょう。

ヘレン・ケラー……………✣

奇妙な話だ。幸福が過ぎ去るまでは、めったに気づかない。かと思うと幸福が戸口にいるというのに、めったに気づかない。

デール・カーネギー……………………✣

何事も神が支配しておられるし、神は私の意見を必要とされない。神が責任を持ってくださる限り、万事が結局は理想的に処理されると信じます。何を悩むことがありましょう。

ヘンリー・フォード……………………✣

荒れ狂う海面の荒波も、大洋の底まで騒がすことはない。広大でかつ永久的な視野で現実を眺めている人にとっては、個人的な絶え間のない浮沈は比較的無意味なものに見える。したがって、真に宗教心のある人は動揺せず、平静に満たされている。そして時がどのような義務をもたらしても、静かな心構えができている。

ウィリアム・ジェイムズ……………………✣

浅薄な哲学は人の心を無神論に傾け、深遠な哲学は人の心を宗教へ導く。

フランシス・ベーコン……………………✣

信仰は、人間が生きるよりどころとすべき力の一つだ。そしてそれが皆無となることは破滅を意味する。

ウィリアム・ジェイムズ……………✣

敵を許し、さっぱり忘れるためには、自分自身より無限に大きいものに心を打ち込むことである。そうすれば侮られたり憎まれても大して問題ではなくなる。自分の信ずるもの以外は、念頭になくなるからだ。

デール・カーネギー……………✣

過去三十年間に、私は世界のあらゆる文明国の人々から診察を求められ、数百人にのぼる患者を治療した。人生の後半を迎えた患者たち、すなわち三十五歳以上の人々は一人の例外もなく、宗教的人生観に最終の救いを求めるべき状態にあった。彼らは、あらゆる時代の生きた宗教がその信徒に与えてきたものを見失ったがために、病気に冒されたと言っても過言ではない。同時に、宗教的人生観を取り戻していない人々は、本当の意味で癒されたとは言えないのである。

カール・ユング……………✣

私は信仰に生きます。そして私の信仰を揺るがすような何事も起こりません。私たち皆が最高のものとして崇《あが》める力——秩序、運命、偉大な魂、自然、神——の恵みが、私に伝わってきます。この力を、あらゆる生命を成長させ、活動させる太陽の中に感じ取ります。私はこのえも言われぬ力の友人になります。すると、直ちにうれしさがこみ上げ、勇気が満ち、天が私に定めたもうたどんな運命でも受け入れる心構えができます。これが「楽観主義」という、私の宗教なのです。

ヘレン・ケラー………………………………✣

祈りがなかったら、私はとっくの昔に気が狂っていたであろう。

マハトマ・ガンジー………………………………✣

人類は宇宙において孤独ではない。……私は決して孤独ではない。

リチャード・E・バード………………………………✣

祈りは宗教を行動に表わしたものだ。つまり、祈りこそ真の宗教である。宗教的現象を、それとよく類似した、純粋に道徳的な心情あるいは美的な心情と区別するものは、祈りの存在である。もし宗教活動を行なうことによって、人間の全精神がその生命の源泉である宇宙の原理にしがみつき、自ら救われることがなければ、宗教は何の価値もない。この行動が「祈り」であり、私は「祈り」を次のように考えている。無益に言葉をろうすることではなく、何かもったいぶった呪文を繰り返すことでもない、それは魂の働きそのものだ。魂がその存在を感じる神秘的な力と親しく接触することだ——。「祈り」はその名に価する前から存在するのかもしれない。この内的な祈りが欠けている限り、宗教は存在しない。一方、この内的な祈りが起こって魂をかき立てる時は、たとえ形式や教義がなくても、必ず生きた宗教がある。

ウィリアム・ジェイムズ…………

私たちが自分の体や電気やエンジンの神秘を理解していないからといって、別にそれを有効に利用できないわけではない。祈禱や信仰の神秘を理解していなくても、信仰によって、より豊かで幸福な生活を楽しむことはできよう。やっと私は「人間は人生を理解するためにではなく、人生を生きるためにつくられている」というサンタヤナの言葉に宿る英知を悟ることができた。

私は再び宗教へ立ち返った——いや正確に言うなら、宗教に対してもっと新しい考え方を身につけた。私はもはや教会を分立させている信条の相違など、ほとんど関心を持っていない。私の興味の中心はもっぱら、宗教が私に何を与えてくれるかである。それは電気、水、食物が私にしてくれていることに関心を持つのと同様である。それらのものは私に、より豊かで、より充実した幸福な生活を送れるよう助けてくれる。だが、宗教はもっとずっと多くのものを与えてくれる。それは私に精神的な価値をもたらす。それは私に、ウィリアム・ジェイムズの言葉を借りれば、「人生に対する新しい熱意……より多くの人生、より大きな、より豊かな、より満足すべき人生」を与えてくれる。信念・希望・勇気をもたらし、緊張・不安・恐怖・心配を解消させる。人生に目的と方向を与えてくれる。幸福を増大させ、健康を増進させる。「砂嵐が吹きすさぶ人生の中に平和のオアシス」を創造する助けとなってくれる。

デール・カーネギー……✣

ボタン一つで、宇宙から神が願いをかなえに飛んで来るなどと思うな。

ハリー・エマーソン・フォスディック……✣

祈りは人間が生み出し得る最も強力なエネルギーである。それは地球の引力と同じ現実的な力である。医師としての私は、多数の人々があらゆる他の療法で失敗したのちに、祈りという厳粛な努力によって疾病や憂うつから救われた例を目撃している……祈りはラジウムのように、自己エネルギーをつくり出す発光体である……人間は祈りながら自分の有限なエネルギーを増大させるために、あらゆるエネルギーの無尽蔵な源泉に向かって呼びかけようとする。祈る時、我々は宇宙を回転させて無限の原動力と結合する。我々はこの力の一部が必要なだけ自分に配分されるようにと祈る。このように訴えるだけで、我々の人間的な欠陥は満たされ、強められ、癒されて立ち上がる……熱烈な祈りで神に話しかけると、いつでも精神や肉体はともに快方へと向かうのだ。わずか一瞬の祈りでも、必ず何らかの良い結果が祈った人々にもたらされるのである。

アレクシス・カレル博士……✣

不安は人生をむしばむ錆であり、その輝きを破壊し力を弱める。神の御心を子供のように純粋な気持ちで、変わることなく信ずることは、この人生の錆の最上の予防策であり解決策である。

トライオン・エドワーズ……✣

苦難に苦難を重ね、自分自身の力の限界に達すると、私たちの多くは絶望して神にすがる。「野戦用の塹壕の中には無神論者はいない」。しかし、なぜ最後の土壇場まで待つのか？なぜその日その日の力を新しくしないのか？　なぜ日曜まで延ばすのか？　久しい以前から私は、平日の午後、人のいない教会堂へ入ってみることがある。

デール・カーネギー……✣

3

人間関係について

DALE
CARNEGIE'S
SCRAPBOOK

優しい言葉一つで冬中暖かい。

日本の格言

私は人と親しくなるのが好きです。親しくなっても私は人をみくびりません。いっそう親しくなるだけです。

ガートルード・スタイン

心の優しさのあまり、困っている人を見ると、我知らずにっこりと親切に話しかけ、手助けせずにはおられない人は、親切をするたびにうれしくてたまらず、そのうれしさが生き甲斐になっているのです。克服できそうにもなかった障害を克服し、さらにいっそう大きな達成目標を立てる――こんな素晴らしい楽しみがまたとあるでしょうか。もし幸福な生活を送りたいと思う人々がほんの一瞬でも胸に手を当てて考えれば、心の底からしみじみと感じられる喜びは、足元に生える雑草や朝日にきらめく花の露と同様、無数にあることがわかるでしょう。

ヘレン・ケラー

幸福になりたければ、やれ恩を返せだの恩知らずだのと言わないで、人に尽くす喜びだけを生き甲斐にしようではないか。

相手と意見が食い違う時は、敵意をむき出しにしないで、相手を敬愛している気持ちを、表情にも行動にも言葉にも表わすよう、努めることだ。

ポール・ダグラス上院議員……………………✣

オウムは、おしゃべりは上手だが飛ぶのが下手だ。

ウィルバー・ライト……………………✣

卵一個ゆでるにも最上の方法がある。方法とは、物事を楽しくすらすら行なうための手順である。

ラルフ・ワルド・エマーソン……………………✣

私は、人の意見に真っ向から反対したり、自分の意見を断定的に述べないことにした。決定的な意見を意味するような言葉、たとえば、〝確かに〟とか〝疑いもなく〟などという言葉はいっさい使わず、その代わりに「自分としてはこう思うのだが……」とか「私にはそう思えるのだが……」と言うことにした。相手が明らかに間違ったことを主張しても、すぐそれに反対し、相手の誤りを指摘することをやめた。そして、「なるほどそういう場合もあるだろうが、しかしこの場合は、少し事情が違うように思われるのだが……」という具合に切り出すことにした。こうして、今までのやり方を変えてみると、ずいぶんと利益があった。人との話し合いが、それまでよりもよほど楽しく進む。控え目に意見を述べると、相手はすぐ納得し、反対する者も少なくなった。私自身の誤りを認めるのが大して苦にならなくなり、また、相手の誤りも、たやすく認めさせることができるようになった。

この方法を用いはじめた頃は、自分の性質を抑えるのにずいぶん苦労したものだが、しまいには、それがやすやすとできるようになり、習慣にさえもなってしまった。おそらくこの五十年ほどの間、私が独断的な言い方をするのを聞いた人は、誰もいないだろう。新制度の設定や旧制度の改革を提案すると、皆すぐに賛成してくれたのも、また、市会議員になって議会を動かすことができたのも、主として、第二の天性となったこの方法のおかげだと思う。もともと私は口下手で、決して雄弁家とは言えない。言葉の選択に手間取り、選んだ言葉もあまり適切でないことが多い。それでいて、たいていの場合、自分の主張を通すことができたのである。

ベンジャミン・フランクリン……………………✣

「閉じた口にはハエは飛び込まない」――このフィリピンのことわざにはいつも感心させられる。

セオドア・ルーズヴェルト・ジュニア……………………✣

相手の本心を知りたければ、相手の顔をじっと見つめることだ。表情を見ていると、言葉の意味がつかみやすくなる。

チェスターフィールド卿……………………✣

人に受け入れられる秘訣は、「まだまだあの程度の親切では足りなかった」と相手に思わせるところにある。

ラッセル・ラインズ……………………✣

あなたが明日会う人々の四分の三は、「自分と同じ意見の者はいないか」と必死になって探している。この望みをかなえてやるのが、人に好かれる秘訣である。

デール・カーネギー……………………✣

人間が一人でもいれば、必ず親切にしてやる機会がある。

セネカ……………………✣

相手は間違っているかもしれないが、相手自身は、自分が間違っているとは決して思っていないのである。だから、相手を非難してもはじまらない。非難は、どんな馬鹿者でもできる。理解することに努めねばならない。賢明な人間は、相手を理解しようと努める。

相手の考え、行動には、それぞれ、相当の理由があるはずだ。その理由を探し出さねばならない――そうすれば、相手の行動、相手の性格に対する鍵まで握ることができる。本当に相手の身になってみることだ。

デール・カーネギー……✣

上司と口論してはいけない。あなたの判断を穏やかに聞いてもらうように心がけよう。

ジョージ・ワシントン……✣

虚弱な者にとって、朗らかな顔は上天気と同じくらいうれしいものだ。

ベンジャミン・フランクリン……✣

自分の過ちを認めることほど難しいものはない。事態を解決に導くには、素直に自分の落ち度を認めるのが何よりである。

ベンジャミン・ディズレーリ……✣

後援者も実権もまだない若者が世間へ出るに際して心がけるべきことは、第一に働き場所を得ること、第二に差し出口を控えること、第三に周囲をよく観察すること、第四に誠実であること、第五に雇い主に重宝がられる人物になること、第六に礼儀正しいことである。

ラッセル・セージ……………………✣

人間嫌いを直す簡単な方法は一つしかない。相手の長所を見つけることだ。長所は必ず見つかるものだ。

デール・カーネギー…………………✣

どんな馬鹿でも、あら探しをしたり、難癖をつけたり、苦情を言ったりできる——そしてたいていの馬鹿がそれをやる。

ベンジャミン・フランクリン…………✣

語り合ってみて理性も好感も感じられない人間が多いのは、自分の言いたいことで頭がいっぱいで、相手の言葉に耳を貸さない連中が多いからだ。

ラ・ロシュフコー……………………✣

賢者は財宝を蓄えない。人に与えれば与えるほど、彼の財宝は豊かになる。

老子…………………………………✣

我々人間は集団を好む動物であるとともに、自分の同族に認められること、それも好意を持って認められることの好きな動物でもある。もし自分の属する社会集団の誰からも完全にそっぽを向かれるとすれば、こんな残酷な刑罰はあるまい。

ウィリアム・ジェイムズ……✣

これは私の知る最も賢明な男の言葉である。「十人中九人は、親しくなってみると前より好感が持てる」

フランク・スウィナートン……✣

みせかけの微笑みを見せたり、心に仮面をかぶったりしない、真心のこもった、裸のままの親切には、人は決して抵抗できないものだ。もしこちらがあくまで親切を続ければ、たとえ良心の一かけらもない人間でも、必ず受け入れてくれるだろう。

マルクス・アウレリウス……✣

ある時、北風と太陽が「自分が強い」「いや自分のほうが強い」と言い争って、なかなか決着がつかなかった。そこへ突然、外套に身を固めた旅人が現われた。「こうしよう」と太陽が言った。「あの男の外套を先にはぎ取ったほうが勝ちだ。私が勝つに決まっているから、君が先にやりたまえ」

そこで太陽は雲の後ろに隠れ、北風は冷風を吹きに吹きまくった。しかし吹けば吹くほど、旅人は外套をしっかり押さえつけるだけだった。

ついに北風はぷりぷりして手を引いた。

すると太陽が顔を出し、全力を尽くして旅人を照らしはじめた。暑くてたまらなくなった旅人は外套をゆるめ出し、ついにすっかり脱ぎ去って、木陰に休んで体をあおぎはじめた。やっぱり太陽のほうが強かったのだ！

イソップ……………………✣

相手に本当の興味を持とうと努力すれば、こちらに興味を持たせようと二年間悪戦苦闘の末、やっと得られる友人より、多くの友人が二時間もあれば得られる。言い換えれば、友人を得る最上の方法は、まず自分が友人になることだ。

デール・カーネギー……………………✣

口論は誰にもできるゲームだが、双方とも決して勝てない奇妙なゲームだ。

ベンジャミン・フランクリン……………………✣

こちらの言い分を相手に言い聞かせようとするあまり、相手のボタンや手をつかんではならない。相手がこちらの言葉を聞きたくないのなら、いっそ自分の口をつぐんだらどうだ。

礼儀正しさが人の本性に訴える働きは、熱が蠟《ろう》に伝える働きのごとし。
アルトゥール・ショーペンハウエル…………………………✣

新しい集団に入ったら、その集団の気風をよく見きわめて、自分をそれに合わせる。これで交際ものびのびした屈託のないものになる。人と語る時は、「それは、こういうことですか」「こういうことではありませんか」といった言いまわしを多く用い、押しつけがましく断言しない。新参者は教わるべきであり、人に教えるべきではない。そのうえ、このやり方でいけば、相手に対する敬意をわかってくれるし、相手は知っていることを気軽に教えやすくなる。これがもし高飛車に出れば、相手に軽蔑され口論を招くだけである。自分を相手より利口に見せても愚かに見せても、得るところはない。どんな事柄でも排斥してはならない。するならばお手やわらかに。さもないと、突然敗北の憂き目に合う。たとえ相手がつまらない人物であっても、額面どおりに相手をこきおろすよりは、額面以上に相手をほめるほうが安全である。賞賛は非難ほど反発されないし、少なくとも嫌がられないからだ。相手がお気に入りの事柄をほめちぎれば、たちまち相手は好感を持ってくれる。ただし他人を引き合いに出してほめるのは、避けたほうがよい。

進歩を目指す人類の歴史をひもとくと、一つの事実がくっきりと浮かび上がってくる。衝動に訴えれば相手の反感をかき立てるばかりで、こちらの目的は達せられない。道徳の立場から説得し、理性に訴えてこそ、提案は受け入れられる。

サー・アイザック・ニュートン……✣

サミュエル・ゴンパーズ……✣

人を信用する者は、信用しない者より犯す過ちは少ない。

カミロ・ディ・カヴール……✣

にっこりするこつおよびその効果を考えよう。まず世間や人々に本当に誠意を持って対さねばならない。この心がけがなければ、にっこりしても不自然にしか見えない。だが人前ではいつもにっこりするよう心がけるだけでも、結構役に立つ。微笑みかけられた相手が幸福になり、その幸福がブーメランのように、こちらへはね返ってくるからだ。相手の気分がよくなれば、こちらの気分もよくなり、間もなく笑顔が本物になる。

また、にっこりすると、不快な気持ちやよそよそしい気持ちが抑えられる。にっこり微笑みかければ、相手が好きだということを、それとなく伝えることになる。相手にもその気持ちが伝わり、こちらが好きになる。まあ一遍にっこりする習慣をつけてみたまえ。きっといいことがあるはずだ。

デール・カーネギー……………………✣

長年の経験が私に教えたことが少なくとも一つある。相手が不快なことを口走っても嫌がらずに、むしろ積極的にそれを取り上げて、少しでも相手の意見を尊重していることを示すのだ。そうすれば相手もこちらの意見を尊重してくれる。

ベンジャミン・フランクリン………………✣

礼儀正しい、決して腹を立てない人物は、まさに大人物と呼ぶに相応しい。

キケロ……………………………………✣

友人を得、こちらの考えに同調させる最も確実な方法は、相手の意見を十分に取り上げてやり、相手の自尊心を満足させてやることだ。

デール・カーネギー……………………✣

本人は気づかないが、いつも拡大鏡を持ち歩いて、人の欠点ばかりのぞきまわっている者がいる。

ジョン・ワナメーカー…………………✣

扱いにくい相手とうまくつきあうには、相手が何とか自分を優秀に見せようとして、躍起になっていることを念頭に置くことだ。そしてその観点から相手とつきあってみることだ。

アルフレッド・アドラー……………✣

友人がほしければ、友人のことをいつも心にかけるように心がけることだ。相手の名前を覚えれば、その人に対して口では言い尽くせない好意を示したことになる。その人に対して好印象を与えたことになる。自分の名前を覚えてくれたことで、相手の自尊心は高まるからだ。

デール・カーネギー……………✣

私はあなたの行く道をついていこう。手に手をたずさえよう。あなたが私を助けてくれれば、私もあなたを助ける。私たちはこの世に長くはいない。間もなく「死」という優しい子守り女がやってきて、私たちを皆、揺り籠で眠らせてくれる。だからこの世にいるうちに、人を助けよう。

ウィリアム・モリス……………✣

（うつ病患者に向かって）私の指示どおりにすればこの病気は二週間で治ります。すなわちどうすれば他人を喜ばせることができるか、毎日考えてみればよろしい。他人のことに関心を持たない人は、苦難の人生を歩まねばならず、他人に対しても大きな迷惑をかけます。人間のあらゆる失敗は、そういう人たちの間から生まれるのです。……私たちが一人の人間に対して要求できるもの、同時にその人間に対して与え得る最高の賛辞といえば、彼こそ手をたずさえていく仲間であり、あらゆる人々の友であり、恋愛と結婚において真の伴侶であるということなのです。

アルフレッド・アドラー……✣

真心を持って人を助ければ、必ず自分も人から助けられる。これは人生の最も美しい補償の一つである。

ラルフ・ワルド・エマーソン……✣

人と交際する時に一番忘れてならぬことは、相手には相手なりの生き方があるのだから、他人の人生をかき乱さないように、むやみに干渉しないことだ。

ヘンリー・ジェイムズ……✣

もし、相手が拳を固めてやってくれば、こちらも負けずに拳を固めて迎える。だが、相手が「お互いによく相談してみようではありませんか。そして、もし意見の相違があれば、その理由や問題点をつきとめましょう」と穏やかに言えば、やがて、意見の相違は思ったほどでもなく、互いに忍耐と率直さと善意を持てば、解決できることがわかる。

ウッドロー・ウィルソン……………❖

自ら顧みて、自分に対する強烈な関心と、自分以外の者に対するいい加減な関心とを比較し、次に、その点については、人間は皆同じであることを考えれば、あらゆる職業に必要な原則を把握することができる。すなわち、人を扱う秘訣は、相手の立場に同情し、それをよく理解することだ。

ケネス・M・グッド……………❖

礼儀がどんなに大切かあまり考えたことがなければ、ここでよく考えてみることだ。次の六つの心得を守れば、礼儀正しさの習慣を身につけることができる。

一、相手の話には熱心に耳を傾ける。退屈がったり、「わかっている」という顔を見せない。

二、相手の話に口をはさまない。たとえ愚痴を聞かされても、言いたいことを言わせてやる。もし口をはさめば、自分の言葉は聞くに足りないのか、と取られる。

三、初対面の人の名前はすぐ覚えて、できるだけ使う。

四、もし相手の言い分が間違っていても、そっけなくやり込めるのはよくない。言いたいことがあれば、相手が話し終わってから、「私の意見はこれこれですが、もし間違っていたら、どうぞご指導ください」と申し出る。

五、自分のほうが偉いといった態度を見せない。話し相手にしろ友人にしろ、相手を見下げた様子を見せれば、相手の反感を買うだけである。もしこちらが本当に優れていても、相手はそれを幸福のせいにして、決してこちらが偉いからだとは思わない。

六、自分の考えが間違っていれば、素直に謝る。

デール・カーネギー……………………✣

現代生活は忙しい。用件はさっさと述べ、言うべきことを言ったら、そこで話をやめて、相手に話の場を譲るほうがよい。

デール・カーネギー……………………✣

人と話をする時は、その人自身のことを話題にせよ。そうすれば、相手は何時間でもこちらの話を聞いてくれる。

ベンジャミン・ディズレーリ……………………✣

「クリスマスの笑顔」

元手がいらない。しかも利益は莫大。

与えても減らず、与えられた人は豊かになる。

一瞬の間、見せれば、その記憶は永久に続く。

どんな金持ちもこれなしでは暮らせない。どんな貧乏人もこれによって豊かになる。

家庭に幸福を、商売に善意をもたらす。友情の合言葉。

疲れた人にとっては休養、失意の人にとっては光明、悲しむ人にとっては太陽、悩める人にとっては自然の解毒剤となる。

買うことも、強要することも、借りることも、盗むこともできない。無償で与えてはじめて値打ちが出る。

クリスマス・セールで疲れ切った店員のうちに、これをお見せしない者がございましたら、恐れ入りますが、お客様の分をお見せ願いたいと存じます。笑顔を使い切った人間ほど、笑顔を必要とするものはございません。（広告文より）

フランク・アーヴィング・フレッチャー……

できれば、人より賢くなりなさい。しかし、それを、人に知らせてはいけない。

チェスターフィールド卿……

何事でも人々からしてほしいと望むことは、人々にもそのとおりにせよ。

「マタイによる福音書」第七章……

私は八歳の頃、ある週末に、ストラットフォードのリンゼイ叔母さんのところへ遊びにいったことがある。夕方一人の中年の男の客が訪ねてきて、しばらく叔母と愛想よく話し合っていたが、やがて私を相手に熱心に話しはじめた。その頃、私はボートに夢中になっていたので、その人の話がすっかり気に入ってしまった。その人が帰ると、夢中になってその人のことをほめた。「何て素晴らしい人だろう！　ボートがあんなに好きな人は素晴らしいよ！」

するとと叔母は、あの客はニューヨークの弁護士で、ボートのことは何も知らないし、ボートの話など、ちっとも面白くなかったのだと言った。「じゃあ、なぜ、ボートの話ばかりしたの？」「それは、あの方が紳士だから。あなたがボートに夢中になっているのを見抜いて、あなたの喜びそうな話をしたのです。気持ちよくあなたのおつきあいをしてくださったの」と、叔母は教えてくれた。

私は叔母の言葉を一生忘れなかった。

ウィリアム・ライアン・フェルプス……………

君が教訓を学んだ相手は君を賞賛し、親切を施し、味方になってくれた人々だけだったのか？　君を排斥し、論争した人々からも大切な教訓を学ばなかったのか？

ウォルト・ホイットマン……………

相手を腹の底から笑わせることができれば、友人になる道が開ける。相手が一緒になって笑うのは、いくらかでもこちらが好きな証拠だ。

デール・カーネギー……………………✣

何年もの間、人に誤解されどおしで、いつかはけりをつけてやろうと思いながら、そのままにしておく者がいる。今こそちっぽけなプライドは捨てるべきだ、と常に思っているのだが、なかなかその気になれず、あさましい口論をいつまでも続ける者がいる。

街角で人に会っても、むっつりして口一つ利かない者がいる。相手が明日にでも死んだら後悔と恥ずかしさに責め立てられると知りながらも、挨拶する気になれないのだ。

隣人が餓死しかけるまで、見て見ぬふりをする者がいる。

その他、友人をほめよう、共感を示してやろう、と思いながらも、つい言いそびれて、友人の心を悩ます者がいる。

もし「人生は短い」ということを突然に悟り、身にしみて感じることができれば、こうした「わだかまり」は、たちどころに解ける！　さあすぐ出かけて、ぐずぐずしていると一生やる機会がないかもしれないことを、実行するのだ。

フィリップス・ブルックス……………………✣

本当に幸福になれる者は、人に奉仕する道を探し求め、ついにそれを見出した者である。

これが私の確信である。

アルベルト・シュバイツァー…………✣

人と会うたびに何か親切を尽くしてあげることだ。一日が終わったら、自分の親切が何をもたらしたか、よく噛み締めてみよう。たった一回の親切にどんな大きな意味があるか、ちょっとわからないだろうが、これだけは確かである。親切は相手が好きだという印であり、親切を受ければ、相手もある程度までこちらが好きになる。

デール・カーネギー…………✣

議論したり反駁したりしているうちには、相手に勝つようなこともあるだろう。しかし、それは空しい勝利だ——相手の好意は絶対に勝ち得られないのだから。

ベンジャミン・フランクリン…………✣

一生に一度も親切な行為をせず、人に真の喜びを与えず、人助けもしないで過ごすことは、老後の人生を美しく照らしてくれる楽しい記憶を、手に入れ損なうことである。

ジョン・ワナメーカー…………✣

自己の向上を心がけている者は、喧嘩などするひまがないはずだ。おまけに、喧嘩の結果、不機嫌になったり自制心を失ったりすることを思えば、いよいよ喧嘩はできなくなる。こちらに五分の理しかない場合には、どんなに重大なことでも、相手に譲るべきだ。百パーセントこちらが正しいと思われる場合でも、小さいことなら譲ったほうがいい。細道で犬に出会ったら、権利を主張して噛みつかれるよりも、犬に道を譲ったほうが賢明だ。たとえ犬を殺したとて、噛まれた傷は治らない。

エイブラハム・リンカーン……………………✣

たとい私が、人々の言葉や御使《みつかい》たちの言葉を語っても、もし愛がなければ、私は、やかましい鐘や騒がしい鐃鈸《にょうはち》と同じである。たといまた、私に預言をする力があり、あらゆる奥義とあらゆる知識とに通じていても、また、山を移すほどの強い信仰があっても、もし愛がなければ、私は無に等しい。たといまた、私が自分の全財産を人に施しても、また、自分の体を焼かれるために渡しても、もし愛がなければ、いっさいは無益である。

愛は寛容であり、愛は情け深い。また、ねたむことをしない。愛は高ぶらない、誇らない、不作法をしない、自分の利益を求めない、いら立たない、恨みを抱かない。不義を喜ばないで真理を喜ぶ。そして、すべてを忍び、すべてを信じ、すべてを望み、すべてを耐える。

愛はいつまでも絶えることがない。しかし、預言はすたれ、異言はやみ、知識はすたれるであろう。なぜなら、私たちの知るところは一部であり、預言するところも一部分にすぎない。全きものが来る時には、部分的なものはすたれる。私たちが幼子《おさなご》であった時には、幼子らしく語り、幼子らしく感じ、また、幼子らしく考えていた。しかし、大人となった今は、幼子らしいことを捨ててしまった。私たちは、今は、鏡に映して見るようにおぼろげに見ている。しかしその時には、顔と顔とを合わせて、見るであろう。私の知るところは、今は一部にすぎない。しかしその時には、私が完全に知られているように、完全に知るであろう。

このように、いつまでも存続するものは、信仰と希望と愛と、この三つである。このうちで最も大いなるものは、愛である。

「コリント人への第一の手紙」第十三章……✣

人と会う約束ができることは、相手の信頼を得た印である。もし約束を破れば、相手から盗みをしているのだ――といっても金を盗んでいるのではない、「人生」の銀行から時を盗んでいるのだ――相手にとって一生取り返しがつかない時を。

デール・カーネギー……✣

悪人を相手にする時、相手の裏をかく方法は一つしかない。相手を立派な紳士として待遇するのだ。対等に扱うのが当然だという顔をしてふるまう。そうすると相手はすっかり参ってしまい、こちらの誠意に応じるだろう。悪人は自分を信じてくれる人間が一人でもいることを誇らしく思うものだ。

ウォーデン・ルイス・E・ローズ……………✣

敵がほしければ味方より偉くなればよい。味方がほしければ味方を引き立ててやればよい。

ラ・ロシュフコー……………✣

川や海が数知れぬ渓流の注ぐところとなるのは、身を低きに置くからである。そのゆえに、川や海はもろもろの渓流に君臨することができる。同様に、賢者は、人の上に立たんと欲すれば、人の下に身を置き、人の前に立たんと欲すれば、人の後ろに身を置く。かくして、賢者は人の上に立てども、人はその重みを感じることなく、人の前に立てども、人の心は傷つくことがない。

老子……………✣

たとえ生死の境にあって、気持ちが極度に張りつめている時でさえも、他人の人生を思いやり、人類を支配する法則とは何であるかを考えてみるとすれば、必ず何らかの報酬が返ってくる。

ウィンストン・チャーチル……………✣

激しい口調で性急な言葉を吐くのは愚かであるが、それを文章にするのはさらに一段と愚かである。人から失礼な手紙を受け取ったら、すぐペンを取って、十倍も失礼な返信を書く。両方とも屑籠に投げ入れるだけなのに。

エルバート・ハバード……✣

人間に最も必要な特質とは何だろうか。管理者の能力、偉大な精神力、親切心、勇気、ユーモアを解する心——こんなものは皆違う。もっともそのどれもが、ごく重要であるが。私の考えでは、それは友人をつくる能力である。一言にして言えば、相手の最大の長所を見出す能力である。

デール・カーネギー……✣

相手に気に入られる最上の方法は、あなたが聞いたとおりに、相手が語ったことを再び語ることだ。

マーク・トウェイン……✣

我々は自分を評価する物差しを使って他人を評価しないことが、あまりにも多い。

トーマス・ア・ケンピス……✣

相手を動かそうとする時には、心のこもった、押しつけがましくない説得の手を用いるよう心がけることだ。

〝バケツ一杯の苦汁よりも一滴の蜂蜜のほうが多くのハエがとれる〟ということわざは、いつの世にも正しい。人間についても同じことが言える。もし相手を自分の意見に賛成させたければ、まず諸君が彼の味方だとわからせることだ。これこそ、人の心をとらえる一滴の蜂蜜であり、相手の理性に訴える最善の方法である。いったんこれが獲得できると、こちらの意見を認めさせるのに、大して手間はかからない。反対に、こちらの判断を相手に押しつけようとしたり、相手の行動を規制しようとしたり、あるいは相手を敬遠したりみくびったりすれば、相手は自分の殻の中に閉じこもってしまい、彼の頭と心に達するあらゆる道を閉鎖してしまう。こうなったら、たとえこちらの意見が真理そのもので、槍にたとえれば、最も頑丈な、鋼鉄よりも硬く鋭い槍であるとして、たとえその槍をヘラクレスそこのけの大力で投げたとしても、カメの甲羅を麦わらでつき刺すほどにも、相手にはこたえない。

人間とはこうしたものだ。だから、たとえ相手が自分の一番関心のある目標に導いてくれる指導者であっても、自分の気持ちを理解してくれない者には、ついていかない。

エイブラハム・リンカーン……………⁜

どのように話すかは、話の内容と同じくらい重要である。判断力を持っている人間よりも、耳をくすぐられて喜ぶ人間のほうが多い。

チェスターフィールド卿……………✣

「許すことはできるが忘れることはできない」というのは、結局「許すことはできない」というのと同じことだ。取り消した契約書は二つにちぎって焼き捨てられ、もはや永久に人の目に触れることはない。人を許す態度もこうあるべきだ。

ヘンリー・ウォード・ビーチャー……………✣

三十年前に、私は人を叱りつけるのは愚の骨頂だと悟った。自分のことさえ、自分で思うようにはならない。天が万人に平等な知能を与えたまわなかったことにまで腹を立てたりする余裕は、とてもない。

ジョン・ワナメーカー……………✣

利己主義とは、自分の望みどおりに生きることではない。自分の望みどおりに生きられるように、他人に強制することである。一方、利己主義と反対の立場は、他人の生活に干渉しないことである。

利己主義者は、周囲の者が自分の理想の型にはまっていないと承知できないものだ。非利己主義者は性格に無限の変化があるのを好ましく考えており、楽しみながら快く受け入れる。

人から押しつけられた意見よりも、自分で思いついた意見のほうを、我々は、はるかに大切にするものである。とすると、人に自分の意見を押しつけようとするのは、そもそも間違いだと言える。暗示を与えて、結論は相手に出させるほうが、よほど利口だ。

デール・カーネギー

我々はお互いに相手を尊敬すべきだ。どっちみちお互いたいした人間ではないのだから。百年もすれば完全に忘れ去られてしまう。人生は自分の手柄話をとくとくと述べ立てるには短すぎる。相手に話をさせよう。

デール・カーネギー

知識には作法の衣を着けねばならない。そして世間に出る道を円滑化せねばならない。作法のない知識は巨大なダイヤモンドの原石のようなものだ。戸棚に並べて好奇の目で眺めるのにはもってこいであり、またその稀少価値のゆえに尊ばれる。しかし最も賞賛されるのは、磨き上げられた時である。

チェスターフィールド卿

人と語り合うのはハープを弾くようなものだ。弦のはじき方一つにしても大変なものだが、弦を押さえてその振動を止めるのにも、また大変な技術を要する。

オリヴァー・ウェンデル・ホームズ……✣

人には誠を尽くせ。言葉遣いの点でも行儀の点でも身のこなしの点でも素直なのがよい。人を教えるだけでなく楽しませることが必要だ。もしあなたが人を笑わせることができれば、人を考えさせることもできるはずだ。そしてあなたを好きにさせ、あなたの言葉を信じさせることができるはずだ。

アルフレッド・E・スミス……✣

相手の意見がこちらと違うからといって、相手の頭をたたき割ろうとするのは筋が通らない。この論法でいけば、十年前の自分と今の自分は違うのだから、自分の頭をなぐるのが当然ということになる。

ホレス・マン……✣

人に真に好かれるには、相手が誰であろうと、ともに大いに楽しんでいる様子を示すことだ。その際、相手を楽しませようとするより、むしろ相手とともに大いに楽しむのがよい。こうした気質の者は、たとえたいした教養や機知がなくても、常識があり、その立居ふるまいに何となく人なつっこいところがあれば、偉大な才能がありながらもこうした気質に欠ける者よりも、人の心を大きく動かす。

ジョセフ・アディソン……✣

目つき、口ぶり、身ぶりなどでも、相手の間違いを指摘することができるが、これは、あからさまに相手を罵倒するのと何ら変わりない。そもそも、相手の間違いを、何のために指摘するのだ——相手の同意を得るために？　とんでもない！　相手は、自分の知能、判断、誇り、自尊心に平手打ちを食らわされているのだ。当然、打ち返してくる。考えを変えようなどと思うわけがない。どれだけプラトンやカントの論理を説いて聞かせても、相手の意見は変わらない——傷つけられたのは、論理ではなく、感情なのだから。

デール・カーネギー……✣

何であれ伝え方や行ない方次第で、その事柄の価値そのものが大きく変わってくる。これは人の世話をする場合によく当てはまる。とげとげしい気持ちで嫌々ながら世話をすれば、親切な行ないも固くなったパンみたいなものになる。「飢えた者は仕方なく食べるが、ともするとのどにつかえる」と言うではないか。

セネカ……✣

私はこれまでに、世界各地の大勢の立派な人々とつきあってきたが、どんなに地位の高い人でも、小言を言われて働く時よりも、ほめられて働く時のほうが、仕事に熱がこもり、出来具合もよくなる。その例外には、まだ一度も出会ったことがない。

チャールズ・シュワッブ……………✣

バラの花を与える手には、常にほのかな残り香が漂う。

中国の格言……………✣

現代科学が発見した法則によると、ほめられて育った子供は、叱られて育った子供よりも賢くなるという。もし自分の部下にちょっと気の利かない者がいたら、それはたぶん扱い方のせいだ。賞賛には能力を育てる力がある。

トーマス・ドライアー……………✣

人間の持つ性情のうちで最も強いものは、他人に認められることを渇望する気持ちである。

ウィリアム・ジェイムズ……………✣

私には、人の熱意を呼び起こす能力がある。これが、私にとっては何物にも代えがたい宝だと思う。他人の長所を伸ばすには、ほめることと励ますことが何よりの方法だ。上役から叱られることほど、向上心を害するものはない。私は決して人を非難しない。人を働かせるには激励が必要だと信じている。だから、人をほめることは大好きだが、けなすことは大嫌いだ。気に入ったことがあれば、心から賛成し、惜しみなく賛辞を与える。

チャールズ・シュワップ

我々アメリカ人の中には、日本人に対して優越感を感じている者がいる。ところが日本人は日本人で、アメリカ人よりもはるかに優れていると思っているのだ。インド人に対して優越感を感じようと感じまいと、それは外国人の自由だが、インド人のほうは外国人よりはるかに偉いと思っているから、外国人が前を横切ってその影で汚した食べ物には、決して手を触れない。

エスキモーに対して優越を感じるか感じないかはあくまで個人の自由だが、参考までにエスキモーの白人観を教えてあげよう。エスキモー社会にも浮浪者がいるが、こうした役立たずの怠け者をエスキモーたちは「白人」と呼ぶ。これが一番ひどい侮蔑の言葉なのだ。

どの民族もそれぞれ他の民族より偉いと思っている。これが愛国心を生み、戦争をも引き起こす。

人は誰でも、他人よりも何らかの点で優れていると考えていることを忘れてはならない。

相手の心を確実につかむ方法は、相手が相手なりの重要人物であると、それとなく、あるいは心から認めてやることである。

デール・カーネギー……………………✣

神様ですら、この世の終わりがくるまでは、人間を裁こうとはなさらない。

サミュエル・ジョンソン………………✣

人の大望を鼻であしらう人間とはつきあわぬことだ。それが小人物の常だから。しかし真の大人物に会うと、素晴らしいことに、こちらも大人物になれそうな気持ちにしてくれる。

マーク・トウェイン……………………✣

真の友情はゆっくり成長する植物である。友情と呼ぶに相応しいところまで成長するには、たび重なる危機にも耐え抜かねばならない。

ジョージ・ワシントン…………………✣

幸福は香水のごときものである。人に振りかけると自分にも必ずかかる。

ラルフ・ワルド・エマーソン…………✣

友人にその欠点を教えるのは、友情の最も厳しい試練の一つである。もし相手に腹が立つとか憎らしいとかいうのなら、つかつかと近づいて激しい言葉を浴びせるのは何でもない。だが友人を愛するあまり、友人が罪にけがれるのを見るに耐え切れず、その痛ましい真実を愛の言葉で告げる。これこそ真の友情である。しかしそうした友人を持っている者はごくわずかしかいない。我々の敵は常に、そのままでいいとしか考えない、剣の先をつきつけながら。

ヘンリー・ウォード・ビーチャー……❖

あなたの話し相手は、あなたのことに対して持つ興味の百倍もの興味を、自分自身のことに対して持っているのである。中国で百万人の餓死する大飢饉が起こっても、当人にとっては、自分の歯痛のほうがはるかに重大な事件なのだ。首にできたおできのほうが、アフリカで地震が四十回起こったよりも大きな関心事なのである。人と話をする時には、このことをよく考えていただきたい。

デール・カーネギー……❖

相手のちょっとした欠点に目をつぶることができない限り、友情は長続きしない。

ジャン・ド・ラ・ブリュイエール……❖

真の友人は忌憚なく心を打ち明け、適切な助言を与え、快く援助し、危険も顧みず、すべてを忍耐強く受け入れ、友の身を勇敢に守り、いつまでも変わることなき友情を続ける。

ウィリアム・ペン……………✣

たとえ善意と協調と思いやりの限りを尽くしても、まだ友情と呼ぶには十分ではない。友人同士は、世間の言うように単に調和《ハーモニー》だけに生きるものではなく、メロディーに合わせて生きるものであるからだ。我々は、友人に食事や衣服や健康の心配をしてもらおうとは思わない――そうしたことは隣人たちでもやってくれるだろう。これと同様の務めを、我々の魂に対して果たしてほしいのだ。

ヘンリー・デイヴィッド・ソロー……………✣

どんな偉大な事柄でも、友人のためだと思えば、恐るるに足りない。どんな卑小なことでも、友人のためだと思えば、決して恥ずかしくない。

サー・フィリップ・シドニー……………✣

自由がないところに真の友情はありえない。友情は自由な空気を愛する。狭い窮屈なところへ押し込められるのはまっぴらである。

ウィリアム・ペン……………✣

親友とは心の底を打ち明けられる人間のことである。彼の前では思ったことが言える。私はやっと嘘偽りのない、自分と同等の人間にめぐり会えたので、人が最後まで身につけている下着である偽善、礼儀、熟考までかなぐり捨てることができる。そして二つの分子が化学結合する時のように、単純な一つの全体となって、彼と応対することができる。心を打ち明けるということは、王冠や主権と同じく、最高の地位の者にだけ許された贅沢であり、それは相手のご機嫌とりをすることも、相手に迎合することもなく、真実を語ることである。一人でいる時は誰でも心に嘘はつかない。そこにもう一人が加わると偽善がはじまる。相手が近づこうとするのを、お世辞と世間話と娯楽といったもので、受け流す。自分の本当の心を十重二十重《とえはたえ》に覆い隠す。……ほとんどたいていの相手は、何か丁重な扱いをしてやるとか、ご機嫌とりをしてやる必要がある。何か名声、才能、宗教や人道主義とかいったものが相手の念頭にあり、それに疑いを差しはさむと、交際の妨げになるからだ。しかし健全な心を持った友人に会うと、私の術策は働かず、私の心だけが働く。腰をかがめたり、口を濁したりしないで、楽しむことができる。したがって友人は、自然界の逆説的存在である。私と同じ人間はこの世に一人しかいない。自然界には私の存在と同じくらい確かなものは見出せない。だが私の目の前には、私の高潔さも、性格のさまざまな面も、ちょっと変わり者のところまでそっくりそのままでありながら、私とは全然異なった姿形の者が座っている。だから、友人は、まさに自然の生んだ名作である。

ラルフ・ワルド・エマーソン……………✣

私の心が知る最も幸福な瞬間は、心からの愛情を、二、三の敬愛する人物に注ぐ時である。

トーマス・ジェファーソン……✣

どんな裕福な者でも、何らかの点で人の助けが必要であり、どんな貧しい者でも、何らかの点で同胞の役に立つ。他人から信頼されて助けを求められ、それを親切心で引き受けるのは、人間の本性上欠かせない行為である。

教皇レオ十三世……✣

友情はもとより聖なる絆《きずな》なれど、苦境にあえばさらに神聖となる。

ジョン・ドライデン……✣

動作は言葉よりも雄弁である。微笑みはこう語る――「私はあなたが好きです。あなたのおかげで私はとても楽しい。あなたにお目にかかってうれしい」犬がかわいがられるゆえんである。我々を見ると、犬は喜んで夢中になる。自然、我々も犬がかわいくなる。

心にもない笑顔――そんなものには、誰もだまされない。そんな機械的なものには、むしろ腹が立つ。私は真の微笑みについて語っているのである。心温まる微笑み、心の底から出てくる笑顔、千金の価値のある笑顔について語っているのだ。

デール・カーネギー……………✣

人を動かす秘訣は、この世に、ただ一つしかない。この事実に気づいている人は、はなはだ少ないように思われる。しかし、人を動かす秘訣は、間違いなく、一つしかないのである。すなわち、自ら動きたくなる気持ちを起こさせること――これが、秘訣だ。

重ねて言うが、これ以外に秘訣はない。

もちろん、相手の胸にピストルをつきつけて、腕時計を差し出したくなる気持ちを起こさせることはできる。従業員に首を切るとおどして、協力させることもできる――少なくとも、監視の目を向けている間だけは。鞭《むち》やおどし言葉で子供を好きなように動かすこともできる。しかし、こういうお粗末な方法には、常に好ましくないはね返りがつきものだ。

人を動かすには、相手のほしがっているものを与えるのが、唯一の方法である。

デール・カーネギー……………✣

若い時の友人も素晴らしいが、老境に入ってからの友人は、なお素晴らしい。若い時は何でもそうだが、友人があるのは当たり前だと思っている。老境に入れば、友人を持つことの深い意味がわかってくる。

なぜ自分の愛犬をしつける時に用いるのと同じ方法を、人間に応用しないのだろう。なぜ鞭《むち》の代わりに肉を、批評の代わりに賞賛を用いないのだろう。

エドヴァルド・グリーグ……✣

我々は自分の健康を大切にする。貯蓄をし、家の屋根を丈夫にし、衣服を十分に整える。だが、あらゆる財宝のうちで最高のもの、「友人」という財宝を備えようとする賢者はどこにもいない。

デール・カーネギー……✣

友情は悲しみの通路である。友情は激情を和らげ、抑圧された心のはけ口となり、災難にあった時の避難所ともなれば、心を明るくしてもくれる。我々の代わりに考えを伝えてくれ、我々が心に描くものを実行し、意に満たないところを改善してくれる。

ラルフ・ワルド・エマーソン……✣

我々を助けてくれるものは、友人の援助そのものというよりは、友人の援助があるという確信である。

ジェレミー・テイラー……✣

賢明な人はその愛する人からの贈り物より、贈り物をくれる人の愛を重んじる。

エピクロス……………………

愛と優しい心を秘めた宝石箱を、友人が死ぬまで閉じっぱなしにしてはいけない。蓋を開けて友人の人生を甘美さで満たしてあげなさい。耳が聞こえ、心臓が感動で震えるうちに、楽しい朗らかな言葉をかけてあげなさい。

トーマス・ア・ケンピス……………………

ちょっとした心がけ一つで、この世全体が少しでも幸福になる。一人ぽっちの人や意気消沈している人を見かけたら、その場で二言三言、優しい言葉をかけてあげよう。たぶん明日になれば、そんな親切をしたことは忘れてしまうだろう。だが親切にされた者は、あなたの言葉を一生胸に抱き続けるだろう。

ヘンリー・ウォード・ビーチャー……………………

人間に欠点はつきものである。完全無欠の友人を探しても、理想どおりにはいかない。我々は自分の欠点は棚に上げて自分を愛しているのだから、友人も自分同様に愛すべきで

デール・カーネギー……………………

ある。

キュロス大王……………………✣

友情は幸福感を高め、みじめな気持ちを和らげる。喜びを二倍にし、悲しみを二つに分かち合うことによって。

ジョセフ・アディソン……………………✣

自分の長所、欲求を忘れて、他人の長所を考えようではないか。そうすれば、お世辞などはまったく無用になる。嘘でない心からの賞賛を与えよう。〝心から賛成し、惜しみなく賛辞を与え〟よう。相手は、それを、心の奥深くしまい込んで、終生忘れないだろう――与えた本人が忘れても、受けた相手は、いつまでも忘れないで慈しむだろう。

デール・カーネギー……………………✣

友情はぶどう酒である。新しいうちは口当たりが悪いが、年月を経て醸成されると、老いた者を元気づけ、若返らせる。

トーマス・ジェファーソン……………………✣

息子たちとの口論にほとほと手を焼いた父親が、これは言葉では駄目だと悟り、何か実例を示して納得させようと考えた。そこで息子たちに一束の棒切れを持って来させ、一人一人に折らせた。誰一人うまく折れる者はいなかった。ところが束を解いて棒を一本ずつ折らせてみると皆、容易にやってのけた。そこで父親は息子たちに言って聞かせた。「息子たちよ、お前たちが兄弟力を合わせている限り、誰一人お前たちにかなう者はいない。だが仲違いして離れればなれになれば、お前たちはたちどころにやっつけられてしまうぞ！」

イソップ…………✣

我々の友情は、とかく短く、実のないものに終わりがちである。それは、友情に、人間の心臓のがっしりした手触りではなく、ぶどう酒と夢の手触りを持たせてしまったからだ。友情の法則は、自然の法則や道徳の法則と同じく、偉大で、おごそかで、永遠のものである。ところが、我々凡人は、友情の甘美さに酔いしれたいと急ぐあまり、はかない、貧しい恩恵しか手にしていない。友情は神の楽園の中でも実を結ぶのが一番遅く、長い年月を経てようやく熟する果実である。我々は友人を尊敬の対象とせず、自分の思うままにできる者にしてやろうという卑しい気持ちで求める。

私は友情をきれいごとに終わらせず、できるだけ思い切って粗野に扱いたい。真の友情は、ガラス糸や窓の霜模様のようにもろく、はかないものではなく、この世で最も堅牢なものである。

友情の目標は、最も厳しく最も素朴な交際を行なうことである。我々の体験したどんな交際よりも厳粛な交際を行なうことである。その目的は、若い時から老いて死に至るまでのさまざまな交友関係を通じて、互いに援助し合い、楽しみを分かち合うことにある。友情は晴れた日に相応しく、美しい贈り物として相応しく、田舎のそぞろ歩きに相応しい。だが一方、友情は険しい山道を越える時、不運に見舞われた時、船が難破した時、貧窮や迫害にあえぐ時にも相応しい。

友情には常に気の利いた警句や宗教に近い恍惚状態がつきまとっている。友人としての我々は、互いに人生の日常の要求と持ち場を権威あらしめ、人生を勇気と知恵と一致によって磨かねばならぬ。友情は決して平凡な、型どおりのものに落ち込んではならない。生き生きした創造性を発揮し、泥沼のような人生に美しい調べと理性を与えねばならない。

ラルフ・ワルド・エマーソン…………✣

まず相手の長所をほめる。それから徐々に相手の欠点を教えてやればよい。この方法を用いれば、会社、工場、家庭で効果があり、妻に対して、子供に対して、両親に対して、ほとんど世界中の人間に対して効果がある。

デール・カーネギー…………✣

年を経るごとに新しい友人を得ることができないと、必ず孤独に悩まされるようになる。常に友情の手入れを怠らぬことだ。

友人を冷たくあしらい、優しい言葉一つかけずに友情を死なせる者は、人生という疲れ果てた巡礼の途上におけるこのうえない慰めを、わざわざ自分の手で捨て去る愚か者である。

サミュエル・ジョンソン……✣

友人は、すべてを知りながらも愛してくれる人間である。

エルバート・ハバード……✣

子供の養育を妻にまかせきりにすると、誰も彼もが被害をこうむるが、その被害のほとんどは我が身に振りかかってくる。自分の子供を育てることが刺激になって自分自身が成長できる機会を、わざわざ自分で捨てているからだ。

アシュリー・モンタギュー……✣

人の本性について語る時、私は両親の愛にまさる偉大な愛を知らない。

（註……ラッセル卿は一九五九年につけ加えている。「この言葉はもはや真実ではない。私は結婚の中にさらに大きな幸福を見出したから」）

バートランド・ラッセル……✣

もし、口論して千載の悔いを残したくなかったら、いくら自分に理があると思っても、相手の言う、ちょっと耳の痛いことにも我慢して耳を傾けることだ。

人間は理性の動物ではない。感情に動かされやすい、偏見に満ちた、自負心に動かされて行動する動物である。人を相手にする時は、常にこの心がけを忘れないことだ。

デール・カーネギー………………✣

互いに手をつなぐ時にも間をあけよう。

カーリル・ギブラン………………✣

夫を選ぶことの次に大事なものは、結婚後の礼儀でしょう。お客が来た時だけよそ行きの言葉を使って、夫にはずけずけ言うのでは困ります。口やかましい女をたいていの男は我慢できません。

ウォルター・ダムロッシュ夫人………✣

私が今日あるのはすべて妻のおかげである。少女時代の彼女は私の一番の友達であり、気弱な私をいつも元気づけてくれた。結婚後は貯蓄に励み、うまく投資して、一財産をつくり上げてくれた。私たちには五人のかわいい子供があり、妻のおかげで我が家はいつも幸福そのものだ。私が少しでも名を成したとすれば、それは皆、妻のおかげである。

エディー・カンター……✤

私のために夕食の支度をして待っていてくれる女性がどこかにいたら、私は才能のすべてを投げ捨てても悔いはない。

イワン・ツルゲーネフ……✤

あらゆる大望の最終目的は、幸福な家庭を築き上げることにある。幸福な家庭はあらゆる事業と努力の目標である。また、あらゆる欲求がこれに刺激されて実現される。

サミュエル・ジョンソン……✤

愛が主人であり、友情が訪問客であるあらゆる家庭は、まさに「楽しき我が家」と呼ぶに相応しい。なぜなら、そういう家庭でこそ心の疲れが休まるからだ。

ヘンリー・ヴァン・ダイク……✤

女性は、誕生日や記念日を重視する。その理由は——これが、男性にはわからない。普通、男は、あまり多くの日付を覚えなくても、結構暮らしていける。だが、忘れてならない日も若干はある。たとえば、一四九二年（コロンブスのアメリカ大陸到達）と一七七六年（アメリカの独立宣言）、それに、妻の誕生日と自分たちの結婚記念日だ。はじめの二つは忘れても許せる。しかし、あとの二つは絶対に忘れてはならない！

デール・カーネギー……✣

もし結婚生活が暗礁に乗り上げそうになったら、自分の伴侶の好ましいところと、夫や妻としての自分の至らないところを表にして比較してはどうか。人生の転機となるかもしれない。

デール・カーネギー……✣

「幸福な家庭」をつくるには、六つの必要条件がある。第一に骨組みがしっかりしていること、第二に整頓されていること、第三に愛情によって温められ、第四に快活さによって明るく照らされ、第五に勤勉の通風器で空気を新鮮にして、新しい挨拶を毎日もたらすことが必要だ。だが何にもまして、家庭を風雪から守る天蓋となり陽光ともなるものとしては、神の祝福にまさるものはない。

アレクサンダー・ハミルトン……✣

もしこの世に真の幸福があるとすれば、それは年月とともに愛と信頼が増していく家庭に見出されるだろう。そこには、人生の必需品は激しい対立もなくもたらされ、贅沢品はその費用が慎重に考えられてから、もたらされる。

アメリカの未来は家庭と学校の手に委ねられています。子供が良くなるのも悪くなるのも、主にその受ける教育によって決まります。だから私たちには、子供に何を教えるか、子供の見ているところでどのような生活をするか、ということをよく注意する必要があるのです。

A・エドワード・ニュートン……………✣

家族の交わす笑顔は快いものだ。ことにお互いの心を信頼し合っている時は。

ジェーン・アダムス……………✣

この世で最も英雄的な行為は、四つの壁の中で、家族のプライバシーの中で行なわれる。

ジョン・キーブル……………✣

真の愛情は神秘と不可思議と謎の本体である。二つがまったく一つになり、それぞれが二つの力を持つようになる。

ジャン・パウル・リヒター……………✣

サー・トーマス・ブラウン……………✣

あなたの父と母を敬え。これは、あなたの神、主がたまわる地で、あなたが長く生きるためである。

「出エジプト記」第二十章……✣

恨みを抱くな。たいしたことでなければ、堂々と自分のほうから謝まろう。頑固を誇るのは小人物の常である。にっこり握手して自分の過ちを認め、いっさいを水に流して出直そうと申し出てこそ、大人物である。

デール・カーネギー……✣

少年を暴力と厳しさによって教え込もうとするな。彼の興味を利用して指導せよ。そうすれば自分の能力がどこに向いているか、少年自身で見出しやすくなる。

プラトン……✣

夫婦間において、「私のもの、お前のもの」という奇妙な区別を絶対に用いるべきではない。これがあらゆる法律問題や訴訟や世界大戦の原因になっているからだ。

ジェレミー・テイラー……✣

雨が降り、洪水が押し寄せ、風が吹いてその家を打ちつけても、倒れることはない。岩を土台としているからである。

「マタイによる福音書」第七章…………❖

子供の大望を聞いて笑ってはいけない。子供にとって、笑いはからかいを意味することが多く、からかいほど心を苦しめるものはない。子供が身のほど知らずの大望について語る時に親のなすべきことは、その大望についてあらゆる観点から、よく話し合ってやることだ。そしてできることなら、どうすればその目標に成功する望みを持って近づけるか、その方法を助言してやる。それから、さあ、やりなさいと前進をすすめる。ありとあらゆる激励を与えてやる。

何よりも、子供が自力でできることには手を貸さないことだ。自分で自分の成功を育てる特権と感激を取り去ってはいけない。

デール・カーネギー…………❖

もし一日だけ親切にし、思いやりを示すことができれば、もう一日続けることができる。これには一銭もかからない。今日からはじめよう。

デール・カーネギー…………❖

もし子供にかけるだけの愛情を庭の草木にかけていたら、今頃は庭は雑草だらけで、ジヤングルのようになっていることだろう。

ルーサー・バーバンク…………………

夫が妻に対して示す力は父親のような、友人のような力であるべきだ。権威をかさに着た、暴君じみた力であってはならない。

ジェレミー・テイラー…………………

愛情はあらゆる暴力の嵐に耐え抜く力があるが、北極の氷のような長い無関心には耐えられない。

サー・ウォルター・スコット…………

愛はお互いを見つめ合うことではなく、ともに同じ方向を見つめることである。

アントワーヌ・ド・サンテグジュペリ……

父親が子供に語ることは世間には聞こえないが、彼の子孫には聞こえる。

ジャン・パウル・リヒター……………

神が、「愛」することを教える中で我々にあらゆる真理を教えたならば、我々の家族に対するいっさいの義務が何を意味するかも同時に教えたことになる。我々は、どこへでも飛び散っていける森の小鳥や砂漠のダチョウとして生まれたのではない。ともに集団をつくり、愛に育まれ、毎日を、あの世界最初の教会——家庭で育てられるよう、定められて生まれてきたのだ。

ヘンリー・ウォード・ビーチャー……✥

「自分だ、いや他人だ」という発想を捨て去ること、他人の目で物事を見ること、他人の耳で物事を聞くこと、二人でありながら一体となること、溶けて混じり合って、もはや自分でも他人でもなくなること、絶えず吸収し、絶えず放出すること、大地を海を空を、そしてその中にあるすべてのものを、全体的な単一のものに凝縮し、何も残らないようにすること、いつ何時《なんどき》でも犠牲になる心構えを持つこと、自分の個性を手放すことによりそれを倍にすること、それが「愛」である。

テオフィル・ゴーティエ……✥

居心地よい家は幸福の偉大な源である。これは健康と良心についで重要である。

シドニー・スミス……✥

お互いの表情の意味がわかり、何の話か見当がつくと、長々とまわりくどい言いまわしをするよりも、はるかに意志が伝達できる。そしてお互いに愛し合い知り抜いた間柄では、無味乾燥な「はい」や「いいえ」ですら、輝かしいものとなる。あらゆる人間関係の中で最も親密な関係、すなわち確固たる、何もかも分かち合う愛の関係においては、まるで円をつくって遊んでいる子供のように、あるいは儀式が進む場所のように、ほとんど言葉なしで話が進む。そして二人がその場にいるということだけで、もうお互いに話は通じるのである。愛する二人はほとんど無表情で、言葉はなおさら少なく向かい合い、二人の良いところも悪いところも分かち合おうと努力し合い、互いの心を喜び捧げ持つ。愛は自然の法則に則っている。愛は自然の造化に親しむことによって得られ、自分勝手に愛そうとしても無理である。愛する二人のお互いに対する理解は、単なる知識以上のものである。なぜなら愛によって結びついたものは、他の関係のように捨て去ることも曇らせることもできない。特別な関係であり、双方とも言葉で表わせる以上のことを知っており、互いに信頼し合って生きている。そして自然な気持ちのおもむくままに信じ合っている。夫婦の間には肉体を通じて語られる言葉が大きく育っており、それは驚くほど雄弁なのだ。しっかりと抱き合うことによってかき立てられる考えは、言葉で表わせば消えてしまうだけである——たとえシェイクスピアの筆になる名文であっても。

ロバート・ルイス・スティーヴンソン……………✣

家庭の幸福のために蓄えられる金は一番よい使い方をされる。妻を世間並みに着飾らせて夫が喜び、自分が世間並みに着飾った姿を見て、妻が喜ぶ。

サミュエル・ジョンソン……✤

他人に興味を持つことによって自分自身を忘れよう。毎日、誰かの顔に喜びの微笑みが浮かぶような善行を心がけよう。

デール・カーネギー……✤

子供を叱る時は怒りを込めてお尻をぶて。たとえその痛みが一生残っても。何の感情も込めずに打つことは、決して許されるべきでない。

ジョージ・バーナード・ショー……✤

独身者は妻帯者にはるかに劣る。彼は、はさみの片方の刃のような、不完全な生き物である。

ベンジャミン・フランクリン……✤

どんな女性と連れ添うことになっても、私は全力を尽くして彼女を幸福にしてやるつもりだ。この努力が失敗すると想像するだけで、私の心は大いに曇る。

エイブラハム・リンカーン……✤

議論に勝つ最善の方法は、この世にただ一つしかない。その方法とは——議論を避けることだ。毒ヘビや地震を避けるように議論を避けるのだ。

議論は、ほとんど例外なく、双方に、自説をますます正しいと確信させて終わるものだ。議論に勝つことは不可能だ。もし負ければ負けたのだし、たとえ勝ったにしても、やはり負けているのだ。なぜかと言えば——仮に相手を徹底的にやっつけたとして、その結果はどうなる？——やっつけたほうは大いに気をよくするだろうが、やっつけられたほうは劣等感を持ち、自尊心を傷つけられ、憤慨するだろう。

デール・カーネギー……………✣

結婚生活の破綻は、ちょっとした心遣いを忘れるところからはじまる。結婚の幸福は非常にデリケートにできているから、手荒い扱いは禁物である。この感じやすい植物は、思いやりのない手で触れただけで傷つき、無関心によって凍りつき、疑いによって破れてしまう。

結婚という幸福の花には、常に優しい愛情を振り注いでやることだ。温かい思いやりの光を当ててその花弁を開けてやり、どんなものにも揺るがない「信頼」の鉄壁で守ってやることだ。こうして成長した結婚という幸福の花は、人生のあらゆる時期に香《かぐわ》しく咲き、老年のさびしさすら甘美な甘さで包むのである。

私たち夫婦が連れ添って以来、二人は当然愛し合ってきた。私たちは一九〇五年の初夏に婚約し、その年の十月四日にバーモントのバーリントンの妻の家で結婚した。このいきさつに関してはあまりにも多くのつくり話が流布しているので、この機会に真実を語りたい。私たちはお互いのために生まれたものと思った。ほとんど四分の一世紀の間、妻は私の虚弱な体を支えてくれた。そして私は常に彼女の優しい心をうれしく思ってきた。

トーマス・スプラット……

妻の輝かしい人生には並々ならぬ悲しみがあった。だが妻は、まれに見る愛らしさ、物事を見通す力、気高い貞淑な心を持っていた。四十年間、妻は私を心底から愛する協力者だった。そして私の行動や企てを、行動で、あるいは言葉で、少しも倦み疲れることなく前進させてくれた。

カルヴィン・クーリッジ……

トーマス・カーライル……

精神病理学の分野で我々の発見した事柄は、広く知られていながらも、しばしば忘れられている原則を実証している――人生の最大の満足は、金では買えないということである。……つまり、誠実、献身、忠誠心といったものは、金では買えない。このことを念頭から離さないことだ。
この一番重要な「満足」を達成できるかどうかは、それぞれの人間がその伴侶と力を合わせて、互いに敬い合い、信頼し合う間柄をつくれる機会が得られるかどうかにかかっている。

ウィリアム・C・メニンジャー博士…………✣

4

仕事について

DALE
CARNEGIE'S
SCRAPBOOK

勤勉は、退屈、不品行、貧窮の三悪を寄せつけず。

ヴォルテール…………………………✣

私は一日たりと、いわゆる労働などしたことがない。何をやっても楽しくてたまらないから。

トーマス・A・エジソン………………✣

あまり過去が見えすぎると人生が地獄になる。今少し努力すればあの仕事が達成できたのに――ああ、せっかくの機会をむざむざ逃してしまった――やればやれたのに結局あの仕事をやらなかった――もはや手遅れだ……私に言わせれば、これがつまり地獄なのだ。

ジャン・カルロ・メノッティ…………✣

人生は、もっとよい世界を切り開こうと努力する場合に、はじめて生き甲斐のあるものとなる。将来にまったく不安がなくなれば、誰一人として努力しなくなり、人類は絶滅してしまうだろう。

ドワイト・D・アイゼンハワー………✣

物の見方を改めれば、どんな仕事でも楽しくなる。仕事に興味を持てば、会社の利益が上がって上役が喜ぶ。それはさておき、実益の点から考えても、仕事に興味を持つと人生の楽しみが二倍になる。起きている時間の約半分は仕事をしているのだから、仕事が楽しくなければ、人生は不幸になる。仕事が面白くなれば悩みは忘れるし、いつの日かは昇進や昇給も実現するかもしれない。少なくとも、疲労は最低限度に抑えられるし、余暇がずっと楽しく過ごせる。

デール・カーネギー……✣

どこに目を向けても、どんな時代や歴史を取り上げても、建造物をつくり、新しいものを発明し、未開の世界を文明化する「人間の手」があります。「手」は人間の仕事の力強さと素晴らしさの象徴です。木を削ったり、のこぎりで挽いたり、刻みつけたりして、さまざまの製品をつくり上げる機械工のたくましい手は、野の花を描いたり、美しい壺をつくり出したりする芸術家の華奢《きゃしゃ》な手にくらべても、法律をつくり出す政治家の手にくらべても、世の中に役に立つ点では決してひけを取りません。いくら人間の目が素晴らしくても、手がなければ何にもなりません。何と「手」は素晴らしいのでしょう！　仕事をする「手」をほめたたえましょう。

ヘレン・ケラー……✣

神が海綿とカキ貝を創った時、海綿は岩の上に住まわせ、カキ貝は泥の中に住まわせた。

しかし人間を創った時には、怠惰な海綿やカキ貝のように扱わなかった。手足、頭、心臓をつけ、生命の源である血液を通わせた。ついでそれぞれの器官に働き場を与え、人間に向かって命じた。「生きて働け！」

ヘンリー・ウォード・ビーチャー……✣

自由な体以外に何も持たぬ者は、想像もつかぬほどの退屈に襲われる。

ラルフ・バートン・ペリー……✣

すべて成長には活動が必要である。努力しなければ肉体も精神も成長しない。努力とは仕事に精を出すことだ。仕事はありがたい。仕事が立派にやれなければ知性ある人間になれないし、一人前にもなれない。その国の文明の発展は、国民がめいめい立派に仕事を果たせるかどうかにかかっているとさえ言えるのだ。

カルヴィン・クーリッジ……✣

仕事を愛する気になれず、嫌でたまらないなら、仕事なんかやめて、寺の門前へ座って、仕事が好きな者の施しでも受けるがよい。

カーリル・ギブラン……✣

大仕事を先にやることだ。小仕事はひとりでに片がつく。

デール・カーネギー……………✣

働きすぎる人間など見たことがない。うんと働け、長時間働け、というのが私の信念だ。人間は過労が原因で死にはしない。浪費と悩みが原因で死ぬのだ。

チャールズ・エヴァンズ・ヒューズ……………✣

仕事が面白い「ふり」をすると、それだけで仕事が本当に面白くなるから妙だ。疲れをあまり感じなくなるし、緊張も解け、心配も和らぐ。

デール・カーネギー……………✣

金持ちになりたい一心から出発しても成功しない。志はもっと大きく持つべきだ。ビジネスで成功する秘訣はごく平凡である。……日々の仕事を滞りなく成し遂げ、私がいつも口を酸っぱくして言っている、「商売の法則」をよく守り、頭をいつもはっきりさせておけば、成功は間違いなしである。

ジョン・D・ロックフェラー……………✣

精を出して脇目もふらずに働く。これがこの世で最も安価な、そして最上の健康薬である。

デール・カーネギー……………………✣

どんな仕事をやりたいか自分で見出して、ただ一心に打ち込むことだ。人より一歩先んじたければ、自分の将来の方針は自分で決めるべきだ。自分に本当に向いた、本当に心から打ち込める仕事から、働く意欲と励みを見出して、成功への道を踏み出すことだ。

アレクサンダー・グラハム・ベル……………………✣

人生で成功者になるための主な条件は、仕事に対して日々に興味を新たにできること、仕事に絶えず心を打ち込めること、毎日を無意味に過ごさないことである。

ウィリアム・ライアン・フェルプス……………………✣

働き甲斐のある仕事に精を出している人々を見ると、私は立派だと思う。だが、社会的地位がどんなに良かろうと悪かろうと、精を出して働かない連中は実に哀れなものだ。

セオドア・ルーズヴェルト……………………✣

こうして庭で鍬をふるって畑を耕していると、気分がすっかり爽やかになり、体の調子もよくなるので、自分でやるべき仕事を今まで人まかせにしていたのは、何と愚かだったのだろうと、はっと気づくのである。

ラルフ・ワルド・エマーソン……………………✣

その人に適した仕事についていると、ちょうど実り多き果樹から美しい花が咲き出るように、仕事の中から楽しみが咲き出てくる。心から人に手を差し伸べる、思いやりのある人間になれば、感情全体がいつも落ち着いて深みが出るとともに、ちょうど心臓の鼓動が体に絶えず活力を与えるように、その人の魂を生き生きとさせる。

ジョン・ラスキン……………………✣

勤勉は、まさに若返りの妙薬である。最も忙しい人間が最も幸福なのは、そのためだ。どんな職業の場合でも、一人前になるには、ただ精を出して働き続ける以外にない。「これで完全だ」と決して思い込んではいけない。何年苦労しようと、「完全だ」と思い込んだら最後、堕落がはじまる。

サー・セオドア・マーティン……………………✣

仕事がすらすらと達成できた時――言い換えれば、うまい方法が見つかった時、「仕事はこうすればうまくできる」ということが一段と飲み込めた時――それは帽子に上着、食べ物に酒、火に馬、健康に休日が揃ったようなものだ。少なくとも私の場合、仕事がうまくいくと、こんなイメージが心に浮かぶのである。

ラルフ・ワルド・エマーソン…………✣

もし人生に退屈しているなら、何か心からやり甲斐があると信じている仕事に没頭することだ。「この仕事こそ生き甲斐だ、死んでも悔いはない」という気持ちで働けば、夢のように幸福な人生が訪れる。

デール・カーネギー…………✣

一見たいしたことのない仕事でも、思い切って全力を注ぐことだ。仕事を一つ征服するごとに実力が増していく。小さい仕事を立派に果たせるようになれば、大仕事のほうはひとりでに片がつく。

デール・カーネギー…………✣

幸福とは、たいていの場合、勤勉の報酬であることがやっとわかった。美しいことを頭で考えたり、心に浮かべたりするだけで幸福になれると思ったら、大間違いだ。それなら「美」を食べてみるがよい！　幸福の女神はちょっとやそっとのことでは訪れない。彼女に気に入られようと思えば、働くことだ。自分を顧みないで人のために尽くすことだ……。

一生懸命に体を働かせることは、実に素晴らしい。もう何も考えなくなる。私はしばしば、黙々として長時間作業することがある。頭に浮かぶのは、ただ仕事を一心に続けることばかり――鍬を振り下ろす、地面から持ち上げる、頭の上に振りかざす――そしてまた振り下ろす。

それでも時おり――たいていの場合、まだ疲れを知らぬ午前中だが――突然、全世界が私の周囲にぱっと開いたような気持ちになることがある――その美しさ、その意味を感じ取っていると、何とも言えない幸福感が、しみじみと湧き起こってくる。真の満足とはこういう状態を指すのだろう。

デイヴィッド・グレイソン……………✣

習ったことを一生忘れない人間は、仕事を必ずやり遂げ、一生向上を続ける。一方、他の連中は、昔習ったことを学び直すのに一生の大半を費やし、どうにかこうにか面目を保っている。

ウィリアム・ジェイムズ……………✣

若者は自分の受ける教育の結果をあれこれと思い悩んではならない。もし毎時間を真剣な気持ちで勉強するならば、あとは成り行きにまかせておいても安心である。どんな学問分野を選ぼうと、ひたすらに努力を続ければ、いつかは同世代の優れた代表者として、勝利感にひたれる輝かしい朝がくる。

ほとんど気の遠くなるほど多くの悩みや、隠れた緊張の数々は、何百万人もの人々が、自分に向いた、心から打ち込んで実力を発揮できる仕事が見出せず、それどころか、嫌いな仕事で生活の糧を得ていることに起因している。

ウィリアム・ジェイムズ……✣

仕事をすれば必ず報酬がある。上品な仕事だろうと粗野な仕事だろうと、トウモロコシを畑にまく仕事だろうと叙事詩を書く仕事だろうと、自分で選んだ正業である限り、その仕事に従事する者の考え方や幸福観に必ず何らかの報酬を与える。何度敗れても人間は最後には必ず勝つ。仕事の成功に対する報酬は、その仕事を成し遂げた、ということである。

デール・カーネギー……✣

あなたは一番好きな仕事をやっているだろうか？　もしやっていなければ、今すぐ手を打つことだ！　自分の仕事が好きでなければ、本当の成功は望めない。多くの成功者は何度も他の仕事で失敗を重ねて、やっと自分のやりたい仕事を見出している。

ラルフ・ワルド・エマーソン……✣

デール・カーネギー……✣

私はどんな目にあっても決して落胆しない。……価値ある仕事をやり遂げるための必要条件は三つある。第一に勤勉、第二に頑張り、第三に常識である。

トーマス・A・エジソン……✣

毎朝ベッドから起きたら、たとえ好きだろうと嫌いだろうと、何か一つやるべき仕事があることを神に感謝しよう。何が何でも働き、何が何でも最善を尽くせば、やがては節制、自制心、勤勉、強固な意志、満足感といった、怠け者には想像もつかないような、もろもろの美徳が備わるようになる。

チャールズ・キングズリー……✣

もし、勤労を頭の古い清教徒どもが押しつけた、抹香《まっこう》臭い義務だと考えるなら、大きな心得違いだ。日々の人生を有意義に暮らしたいと願う人間の心が、勤労へ向かわせるのだ。

ハロルド・W・ドッズ……✣

悲しみや不幸や災難にあって、身も心も荒れ果てている時は、何か作業を見つけて、頭も手足も休ませずに一心に打ち込むことだ。この方法は、他のどんな方法よりも気分を晴れやかにする効果がある。私が自分で何度も試してみたのだから、間違いはない。

デール・カーネギー……✣

「勤勉は最良の名薬」

ちょうど今から五十年前に父が語って聞かせたこの言葉は、それ以来ずっと私の座右の銘となっている。父は医者だった。当時、ブダペスト大学で法律学を学びはじめたばかりの私は、運悪く試験の一つに落ち、恥ずかしさのあまり、ついこんな時の一番の慰めになる「酒」に手をつけた。正確に言えば、アプリコット・ブランディーである。

そこへ思いがけず父が訪れた。さすが名医である。一瞬のうちに私の悩みと、棚に隠した酒の瓶を見つけてしまった。私は現実逃避に追い込まれた理由を告白した。

愛すべき老人はたちどころに一服の名薬を調合した。酒、睡眠薬、その他どんな薬品にしろ、そんなもので本当に現実から逃避できるものではない。悲しみを癒す薬はこの世にたった一つしかない。しかもそれは一番よく効いて一番安全な薬だ。それは「勤勉」という薬だ！

父の言ったとおりだった。最初のうちはちょっとこの薬には慣れにくいかもしれないが、遅かれ早かれ人間は勤勉になる。勤勉は一種の麻薬である。習慣になる。いったん習慣化したら、もはや抜け出せなくなる。私は勤勉を愛する習慣から、五十年間抜け出すことができなかった。

フェレンク・モルナール……………✣

この世のすべての人間が働くことは神の御心である。だがそれと同時に、働けば誰でも幸福になれるということも、明らかに神の御心である。

ジョン・ラスキン……………✣

勤勉は幸運の母である。神は勤勉な者にあらゆるものを与えてくださる。だから怠け者が眠っている間に、せっせと畑を耕すことだ。そうすれば収穫が得られ、売ろうと貯蔵しようと自由である。

ベンジャミン・フランクリン……………✣

私は、男だろうと女だろうと、暮らしを立てるために働かねばならぬ人々を気の毒だと思ったことはない。しかし自分の仕事に打ち込めない人間は、大いに気の毒だと思う。若いうちに自分の好きな仕事を見つけて、青年のような情熱を一生傾けることができなければ、その人にとって一生の悲劇だ。

デール・カーネギー……………✣

神は辛抱強い者を助ける。

「コーラン」第八章……………✣

責任を持って仕事をする人間は、会社、工場、その他どんな社会においても、必ず頭角を現わす。責任ある仕事を歓迎しよう。仕事の大小を問わず責任を果たせば、きっと成功する。

デール・カーネギー……✣

いったん仕事に着手したら、目標とするすべてが得られるまで手を離すな。

ウィリアム・シェイクスピア……✣

自分にできる限度をほんの少し越えたことを、毎日一つ実行せよ。

ローウェル・トーマス……✣

ほとんどすべての人間は、もうこれ以上アイディアを考えるのは不可能だというところまで行きつき、そこでやる気をなくしてしまう。いよいよこれからだというのに。

トーマス・A・エジソン……✣

たいていの場合、勤勉な人間は天才のできることなら何でもできるだけでなく、天才のできない多くのことができる。

ヘンリー・ウォード・ビーチャー……✣

地位を向上したければ、じっと手をこまねいていないで、いっそうの努力に励むことだ。これは苦しいし、へとへとになるまで働かねばならないが、長い目で見れば、必ず得るところがある。

デール・カーネギー……………

人によって生まれつき偉人になれる人格が備わっているわけではなく、勤勉によって偉人になるのである。たとえ小人物であっても、常に精を出して仕事に励めば、進歩の喜びが必ず得られる。この進歩は時計の短針のようなもので、一針ごとに必ず一時間進むが、あまりにゆっくり進むので、目に止まらないだけである。

サー・ジョシュア・レイノルズ……………

もっとバラの花がほしければ、もっとたくさん、バラの木を植えなさい。

ジョージ・エリオット……………

立派な目標と偉大な仕事をやり遂げる道は二つしかない。体力と耐久力である。体力はほんの一握りの恵まれた人間のものである。しかし厳しく身を守り、常に耐え抜くことは、ごく弱小な者でもできるし、たいていの場合目標を達成する。これは、彼の無言の力が時がたつにつれ、何物にもへこたれないほど強力になるからだ。

成功者をつくり上げる条件は数々ある。健康な体、活力、耐久力、分別、熱中、そして才能である。しかしここに出さなかった条件のうち、それがなければ他の条件いっさいを束にしても、成功はおぼつかない条件が、ただ一つある。それは――「勤勉」だ！

ヨハン・ウォルフガング・フォン・ゲーテ……………✣

デール・カーネギー……………✣

天才とは、絶え間なく努力を続けられる人間のことである。失敗と成功との間を画する一線はあまりにも微妙だから、たとえ乗り越えても気がつかない。あと一歩の辛抱で、あと一歩の努力で必ず成功する、というところで計画を放棄する者があまりにも多すぎる。潮がさっと引く時は、再びさっと入って来る前触れである。見通しが実際は好転しかけている時が、一番お先真っ暗に見えるものだ。一見絶望と見えるものでも、今少し頑張れば、今一押しすれば、輝かしい大成功が待ち受けているかもしれない。やる気をすっかりなくさない限り失敗はありえない。自分の内部から生ずる敗北以外に敗北は存在せず、我々が生まれつき持っている心の弱さ以外には、越えられない障害など存在しない。

エルバート・ハバード……………✣

辛抱すればこそ、成功が得られる。長い間大声で扉をたたき続ければ、必ず誰かが目を覚まして開けてくれる。

ヘンリー・ワーズワース・ロングフェロー……………………✣

何か大計画を実行しようとする時、横から口をはさむ者がいてもあまり気にしないことにした。「とても無理だ」と言うのが連中の決まり文句である。私はそういう時こそ努力すべき最善の時だと思っている。

カルヴィン・クーリッジ……………………✣

経験の示すところでは、成功するかどうかはその人の能力より情熱に負うところのほうが大きい。自分の仕事に身も心も捧げる人間こそ勝利者となる。

チャールズ・バクストン……………………✣

あなたは成功者になれる。だがそうなるには仕事に精を出す必要がある。何かを成し遂げたくてたまらず、そのためには何物も惜しまない気持ちになることだ。一つその気になってみないか。

デール・カーネギー……………………✣

私がこれという仕事に取りかかると、決まって「いくら努力したって無駄だ」と横槍が入ったものだ。一時はこの言葉が気になって仕方がなかった。今ではもう何とも思っていない。

サー・アーネスト・シャクルトン……………✣

将来の大きな夢を判断力と混ぜ合わせ、活力で調味する。こうして「成功」料理ができ上がる。

デール・カーネギー……………✣

辛抱強さにまさるものはない。才能だけでは駄目である。才能がありながら成功できない人間は、そこらにごろごろしている。天才だけでも駄目である。「天才は報われず」という言葉は、耳にたこができるほど聞かされている。教育だけでも駄目である。教養ある落伍者はほうきで掃くほどいる。何物にも打ち勝てるものは、ただ頑張りと決断力だけである。「頑張れ！」のスローガンはこれまでさまざまの問題を解決してきたし、これからも解決し続けるだろう。

カルヴィン・クーリッジ……………✣

長生きすればするほど、強者と弱者、大人物と小人物を大きく分けるものは「底力」――言い換えれば、何事があっても決して引き下がらない強い決断力、いったん決まったら、あとは「勝利にあらざれば死」という決意――だと確信するようになった。これさえあれば、およそ人間にできることで不可能なものは何もない。一方、これがなければ、どんなよい環境にいようと、どんなに才能があろうと、どんな好機会に恵まれようと、人間は二本足の被造物にすぎない。

サー・トーマス・バクストン……✣

神に祈れ、だが岸に向かって漕ぐ手は休めるな。

ロシアの格言……✣

たいていの者は他人が時間を浪費している間に先へ進む。これは私が長年、この目で見てきたことである。

ヘンリー・フォード……✣

報酬以上の仕事をしない者は、仕事並みの報酬しか得られない。

エルバート・ハバード……✣

世界の大偉業の大半は、もはやこれで絶望かと思われた時にも、なお仕事をやり続けた人々の手によって、成し遂げられた。

教養ある人々に会って真っ先に心打たれること、そしてその中でもとりわけ高邁な精神の持ち主を一目で見分けさせるものは何だろうか。それはこうした人々が行き当たりばったりでなく、方針を立てて考えを進めていることだ。

デール・カーネギー……✣

天才の一パーセントは「インスピレーション」(ひらめき)から成り、九十九パーセントは「パースピレーション」(汗)から成っている。

トーマス・A・エジソン……✣

成功者とは、失敗から多くのことを学び取って、新たに工夫した方法で、再び問題に取り組む人間のことである。

デール・カーネギー……✣

早寝早起きの、勤勉で、分別があって、金を浪費せず、真っ正直な人間が、運の悪さをこぼすのを見たことがない。人柄の優れた、よい習慣を持った、鋼鉄のように強く、勤勉な人間は、愚か者には想像もつかぬような悪運に見舞われたとしても、決してびくともしない。

朝寝坊する者は、一日駆けずりまわっても、夜になって仕事に追いつかれてしまう。怠惰の足はとても遅いから、貧乏にすぐ追いつかれる。仕事に追い立てられるのではなく、仕事をこちらから追い立てよう。

ジョセフ・アディソン……✣

ベンジャミン・フランクリン……✣

私は世間から天才だと見られている。私の持っている「天才」のすべては次のことに負っている。何かやることがあると、私はそれをつぶさに研究する。毎日毎晩自分のそばから離さず、ありとあらゆる角度から検討する。心はすっかりそのことにひたりきっている。こうして得られる成果を世間では「天才の賜物」と呼んでくださるが、私に言わせれば、それは勤労と思考の賜物である。

アレクサンダー・ハミルトン……✣

すべての大偉業は、最初は不可能事だと言われた。

トーマス・カーライル……✣

ぜひやり遂げたいと思っている仕事が途中でうまくいかなくなっても、あっさりと投げ出して敗北を認めてはならない。何か他のやり方を試みることだ。音の出る弦は一本だけではない、他の弦を見出せばよいのだ。

デール・カーネギー………………✣

大偉業を成し遂げさせるものは体力ではない、耐久力である。元気一杯に一日三時間歩けば、七年後には地球を一周できるほどである。

サミュエル・ジョンソン………………✣

何事にも落胆しない——あくまでやり続ける——決して断念しない。この三つがだいたいにおいて成功者のモットーである。もちろん意気消沈する時はあるが、要はそれを乗り越えることだ。これさえできれば、世界はあなたのものだ。

デール・カーネギー………………✣

まず計画はよく行き届いた適切なものであることが第一。これが確認できたら断固として実行する。ちょっとした嫌気のために、実行の決意を投げ捨ててはならない。

ウィリアム・シェイクスピア………………✣

一瞬インスピレーションがさっとひらめいて万事解決する――この言葉をうっかり信用して、多くの前途有望な人間が破滅している。インスピレーション（ひらめき）に確実に到着する道路はプレパレーション（準備）である。一心に励まなかったために、度胸も才能もある人間が失敗する例を、私は何度も見ている。たとえば、話術をマスターするには、まず自分の取り上げている話題をマスターするのが先決である。

ロイド・ジョージ……………………✣

私の人生における成功のすべては、どんな場合でも必ず十五分前に到着したおかげである。

ネルソン卿……………………✣

我々が賞賛や驚異の目で見上げる、人類の成し遂げたあらゆる大工事の成果は、辛抱強さと何事にもめげぬ、たゆまぬ努力がもたらした好例である。こうして採石場はピラミッドと化し、遠隔の国々が運河で結ばれるようになる。もし手斧や鍬の一振りが与える印象と、こうした大工事の計画の全貌や最終結果とを比較するなら、その差のあまりにはなはだしいのに一驚するだろう。しかしながら、こうした一見取るに足りない作業でも、積もり積もれば、いつかは最大の難工事を克服し、山々を削り取り、大海にも人類の一見か細い力によって、防波堤が築かれる日が必ずくるのである。

サミュエル・ジョンソン

5

自分自身について

DALE
CARNEGIE'S
SCRAPBOOK

世間の批評は確かに参考になる場合がありますが、それに迷わされて、自分が「本当に人に伝えたいと思うことから、ただの一瞬でも踏み外してはなりません。「自分を正直に出す」ことは芸術の第一条件です。もし自分自身に忠実であれば、いつも自分自身とともにある芸術に決して裏切られないでしょう。

コーネリア・オーティス・スキナー……✣

自分の心の中で正しいと信じていることをすればよろしい。しても悪口を言われ、しなくても悪口を言われる。どちらにしても批判を逃れることはできない。

エレノア・ルーズヴェルト……✣

自分の心が助言するとおりにせよ。人間の心ほど忠実な従僕はない。高い見張り台から見守る七人の見張り番の報告よりも、もっと多くのことを教えてくれる。

旧約聖書外伝……✣

いかなる自由にもまして、良心の命じるままに知り、語り、論ずることのできる自由をわれに与えたまえ。

ジョン・ミルトン……✣

長所も短所もいっさい含めた自分自身を知れ。そうすれば甘言に身を誤らせない。甘言は変じて警告となり、謙遜のすすめとなり、人生の道案内となる。甘言をろうする者が最もほめそやすところにこそ、自分の最大の欠点が隠れているからだ。

マーティン・F・タッパー……✤

自分が他人と違うからといって一瞬にもせよ悲観することはない。あなたはこの世の新しい存在なのだ。開闢《かいびゃく》以来、あなたと瓜二つの人間はいなかったし、将来どんな時代が訪れようと、あなたとまったく同じ人間が現われることはないだろう。

デール・カーネギー……✤

ある種の人間的愛情を抜きにすると、この世には永遠に価値あるものは何一つ存在しない。冷静に考えてみれば、自分の能力と見解に照らして仕事を成し遂げたという満足感、これでありとあらゆる空念仏や見せかけを追放し得たという満足感以外には、何の満足感もありえないのだ。

トーマス・H・ハクスリー……✤

十人が十人とも同じ考え方をするのは最上の策ではない。めいめいが同じ意見を出していたら、競馬は成り立たない。

マーク・トウェイン

もし道に迷った者が「よく考えてみれば、私は道に迷ったのではない、気が狂ったのでもない、むしろこの場に踏みとどまる決心をしたのだ。そして『今のところはここに住もう。その代わり、自分の長年親しんできた場所は、もはやないものとあきらめよう』と考えているだけなのだ」と考えれば、どれだけ多くの不安と危険が除かれることだろう。自分の足で立っている者は、決して孤立していない。我々の立っている地球が宇宙のどの方向へ転がっていくのか、誰も知らないが、宇宙の迷い子になったと思う者はいない。地球の行きたいところへ行かせておけばよい。

ヘンリー・デイヴィッド・ソロー

自分らしくふるまおう。アーヴィング・バーリンがジョージ・ガーシュインに与えた忠告に基づいて行動しよう。はじめて二人が出会った時、バーリンの名前はすでに売れていたが、ガーシュインは貧乏芸術家のたまり場で週給三十五ドルの生活にあえいでいる駆け出しの作曲家であった。バーリンはガーシュインの才能にほれ込み、自分の音楽秘書になってくれれば今までの給料の三倍を払ってもよいと申し出た。「しかし、この仕事を引き受けないほうがいいよ」とバーリンは忠告した。「引き受けたら、君はバーリンの二流品で終わるかもしれない。だが、君が自分らしさを守り通せば、いつかはきっと一流品のガーシユインになるだろう」

デール・カーネギー…………⁜

徳は孤ならず、必ず隣あり。

孔子…………⁜

世間一般の考えに従って生活することはごくやさしい。また自分のことだけ考えて孤独の生活を送ることもごくやさしい。だが悟りを開いた人間とは、群集の真っただ中にありながらも、自立の醍醐味を心ゆくまで味わうことのできる人間である。

私の知人に、世間に向かって一度も機嫌とりをしたことがない、質素を旨とする、真面目一方の男がいる。彼は若い人々の物笑いの種にされても、じっと耐え忍んできた男である。時が来て、ついに名誉が彼のもとを訪れ、彼がそこから一歩も動かなかった専用の腰掛けに、肩を並べて座ったのである。

ラルフ・ワルド・エマーソン…………⁜

半世紀の生涯で私が学んだことがあるとしたら、それは「自分に平和をもたらすのは、ほかならぬ自分自身なのだ」という言葉で表現できる。

デール・カーネギー…………⁜

隣人の語ること、行なうこと、考えることを気にかけない者は、どれほどの利益を受けることができるだろうか。

マルクス・アウレリウス

我々はどうしてこんなに先を急ぐのだろうか。どうしてこんなに暴走するのだろうか。人と歩調が揃わないのは、行進曲の調子が自分に合わないせいかもしれない。どんなリズムであろうと、どんなに遠くで演奏していようとかまわない。自分に合った音楽が聞こえるところまで足を踏み出そう。

ヘンリー・デイヴィッド・ソロー

大いなる安らぎの心は、賞賛も中傷も気にしない人間のものである。

トーマス・ア・ケンピス

人生がばらばらの事実や出来事から成り立っていると思うのは、誤りである。人間の頭の中を絶え間なく吹き荒れている思考の嵐の集合から、人生は成り立っているのだ。

マーク・トウェイン

自分自身を信頼せよ。あらゆる人間の心臓は、「おのれ」という鉄の糸の調子に合わせて鼓動する。神が与えたもうた世界を受け入れよ、それは同時代人とともに生きること、自身に振りかかる出来事をそのままに受け入れることである。偉大なる人は常にこの心得を守ってきた。そして幼子《おさなご》のように素直に、その身を時代の精神に委ねているが、このことは、彼らが絶対的に信頼に値するものは自分の心の中にこそあり、自分の手を通して働き、自分のありとあらゆる存在において力を及ぼしているのだ、と感じ取っていることを示す。今や我々は精神的にも成人である。深い心で超越的な神意を受け入れねばならない。そして保護されて日陰に生きる弱き者としてではなく、革命を前にして逃げ出す卑怯者としてでもなく、指導者となり、改革者となり、後援者となって、全知全能の神の御業《みわざ》に従い、混沌と暗黒の中を進まねばならない。

ラルフ・ワルド・エマーソン……………❖

自分自身の存在を夢のように楽しむ者、あらゆるものを自分の心に照らして見、そして信念と希望を頼りに進む者、若かりし日の彼の行く手を照らした星は、いまだに遠くから彼を見守り、いまだに俗世間の魂にその心を汚されていない者――そうした人間は何と幸福だろうか！

ウィリアム・ハズリット……………❖

危機を目の前にすると、気骨ある人は自分を拠点に闘う。彼は作戦命令を自分で発し、自ら指揮をとる。苦難は気骨ある人の心をとらえる。それをしっかり抱き締めることにより、自分の真の姿を自覚するからだ。

シャルル・ド・ゴール……✣

真に心の平安を得るには、正しい価値判断ができなければ駄目だ、というのが私の信念だ。だから自分用の金科玉条をつくる気があれば、あらゆる悩みの五十パーセントは、必ず消え去る。その金科玉条とは、自分の人生にとって、どんなものが価値があるかを判断する、測定基準である。

デール・カーネギー……✣

「汝自身を知れ」は、確かに重大な戒めである。だが、いかなる学問研究の場合でも同じだが、自分自身を研究する場合にも、どこが問題であるかは直接に手を触れてみなければわからない。扉にかんぬきが掛かっているかどうかは、押してみないとわからない。

ミシェル・エケム・ド・モンテーニュ……✣

気のふさいだ馬を見たことがあるか？　しょげ返った小鳥を見たことがあるか？　馬や小鳥が不幸にならないのは、仲間に「いい格好」を見せようとしないからだ。

「馬鹿の一つおぼえ」は小人物の心に潜む悪魔であり、その崇拝者は三流政治家、哲学者、牧師といったたぐいである。同じことをいつまでも続けていては、偉大な魂は何もすることがなくなる。壁に映った自分の影に気を取られるほうが、まだましだ。自分が今考えていることをはっきりと言葉に出して述べるのだ。そして明日はまた明日で、自分の考えたことをはっきりと語るのだ。今日考えたことと完全に矛盾してもかまわない。「それでは誤解されるに決まっている」と人は言うだろう。誤解されるのはそんなに悪いことだろうか。ピタゴラスは誤解された。そしてソクラテスも、キリストも、マルティン・ルターも、コペルニクスも、ガリレオも、ニュートンも。そして古今のあらゆる清純で賢明な魂も誤解を受けた。偉人は常に人々に誤解される。

ラルフ・ワルド・エマーソン……✣

自分自身を信頼すれば、他の多くの事柄に対する信頼が生まれる。

ラ・ロシュフコー……✣

この世で人を疲れ果てさせるものは、自分を偽る心です。

アン・モロー・リンドバーグ……✣

名声を獲得できないうちは名声を信ずることはできない。自分の体は清潔にして、よく光らせておくのがよい。あなたは窓だ。透明にしておかないと世間がよく見えない。

ジョージ・バーナード・ショー……………✣

もし私が私に寄せられたすべての攻撃文を読むくらいなら、まして返事を出すくらいなら、この事務所を閉鎖して、何か他の仕事をはじめたほうがましだ。私は私が知っている最良を、私がなし得る最善を実行している。それを最後までやり続ける決心だ。そして最後の結果が良ければ、私に浴びせられた非難などは問題ではない。もし最後の結果が良くなければ、十人の天使が私を弁護してくれたところで、何の役にも立ちはしない。

エイブラハム・リンカーン……………✣

我々には自分のまだ知らない能力が隠れている。夢としか思えないようなことを成し遂げる力がある。誰でもいざとなったら立ち上がって、前には不可能と思えたことでも立派にやり遂げることができるのだ。

デール・カーネギー……………✣

お言葉ですが、私は大統領になるよりも、自分の考えの正しさを認められるほうがうれしいのです。

ヘンリー・クレイ……………………✣

世間は、自分の進む道を知っている者には、誰にでも道を譲ってくれる。

デイヴィッド・スター・ジョーダン……✣

自分の体に合わせてつくった衣装は、何でもよく似合うものです。たとえ、それが自分とは身長の違う人の寸法に合わせてつくった衣装ほどに、素晴らしくなくても。

エドナ・ファーバー……………………✣

どんな人間でも、完全な嘘つきになれるだけの優秀な記憶力は持ち合わせていない。

エイブラハム・リンカーン……………✣

人の言うことなど気にしないで、人があっと言うようなことを成し遂げようと、全力を尽くすことだ。

デール・カーネギー……………………✣

今や私は皆さんと同じように、人間の無知がもたらした貧乏や、数々の悲惨さと闘っています。しかし今一つ大事なことは、もし現状を打開することに成功できなければ、どんな状況の打開もできないということを、人類の何世紀にもわたる経験が教えているということです。あの白百合のように、じめじめした環境にいても、清らかに、健やかに生き抜くことができない限り、どんな環境にいても、か弱い人間にしかならないことでしょう。自分が今いる世界を救うことができない限り、どんな世界をも救うことができないでしょう。一番大事なことは、どんな環境が必要かということではなく、どんな考えで毎日生活しているか、どんな理想を追い求めているか、ということなのです。一言で言えば、その人の人柄の問題なのです。次のアラビアの格言は素晴らしい真理を語っています。
「汝の今いるところが汝の世界である」

ヘレン・ケラー…………………✣

満足を得る秘訣は、めいめいが自分の実力と限界を自力で見出し、自分が十分に力を発揮できる仕事は何であるか知るとともに、どんな成功者であろうと権力者であろうと、その地位は大宇宙に比較すれば微々たるものだということを悟るだけの分別を持つことである……つまり、本当の自分自身になりきる勇気、孤独に耐える勇気、自分と違う者になろうとしない勇気を持つことだ！

林語堂…………………✣

私はこの政務を立派にやり遂げ、たとえ私がいよいよ政界を退く時、世界中のすべての友を失うことになっても、ただ一人の友、すなわち私の心の奥底にいる友だけは残しておくように努力したい。

エイブラハム・リンカーン……………✣

常に正しいことをやれ。人が喜ぼうが、あっと言おうがかまわない。

マーク・トウェイン……………✣

私が義務感と信念に基づいて行動している限り、いくら悪口を言われようと何ともない。害になるよりはむしろ益になるくらいだ。

ウィンストン・チャーチル……………✣

自分の心から好きなことをやれ。自分の骨の味を知れ。噛み締めよ。地面に埋めよ。掘り出してもう一度噛み締めよ。

ヘンリー・デイヴィッド・ソロー……………✣

フォード家の人間は揃いも揃ってよく似ている。だが何から何まで瓜二つという人間はこの世には二人といない。新しい生命の誕生は、何かこれまでと違った新しいものの誕生である。これと完全に同じものはかつて存在しなかったし、今後も決して存在しない。若者は次の考えをしっかりつかむことだ。自分を人と違ったものにする個性の火花をただ一つでも探し出して、全力を尽くして育て上げることだ。社会と学校は、この火花を若者から閉め出そうとするだろうし、誰も彼も一まとめに同じ鋳型に押し込めようとするだろう。だがこの火花を失ってけいけない。自分の価値を主張するための、ただ一つの権利だから。

ヘンリー・フォード……………✣

やるべきことは、どの考え方が自分にとって自然であるかを見出し、その考え方に従うことだ。

デール・カーネギー……………✣

自分の欠点に腹を立てても何にもならない。我と我が身を哀れんでもどうにもならない。思い切って、自分の中にはさまざまの可能性が束になって入っていると考えたらどうか。そして世の中で最も面白いゲームをやるのだ——自分の最大の長所を最も有効に生かすゲームを。

ハリー・エマーソン・フォスディック……………✣

それでは……自分自身を受け入れるにはどうすればよいだろうか。次の現実を受け入れることだ。我々はある面では有能だが、他の面では力が足りない。天才はまれであり、たいていの者は十人並みである。だが、誰もが自分の能力に応じて、共同生活を豊かにすることができる。人は感情的にもろい。誰もが心の奥底には、たわいもないような恐怖心を秘めている。だから正常な人間とは、人生をその限界も好機も含めて、嬉々として勇敢に受け入れる人間である。

ジョシュア・ロス・リーブマン……………✤

自分の心の奥底にある考えだけが、真実と生命を内に秘めている。人間が本当に完全に理解できるものは、これしかないからである。他人の考えを読み取ることは他人の食べ残しを食べるようなもの、他人の脱ぎ捨てた衣服を着るようなものだ。

アルトゥール・ショーペンハウエル……………✤

もし自分が間違っていたと素直に認める勇気があるなら、災いを転じて福となすことができる。過ちを認めれば、周囲の者がこちらを見直すだけでなく、自分自身を見直すようになるからだ。

デール・カーネギー……………✤

良心に照らして少しもやましいところがなければ、何を悩むことがあろうか。何を恐れることがあろうか。

孔子……………………………………✣

人生はただ一回きりである。あの世などどうでもよい。単なる安穏無事な生活を送るより、この世で何事かをやり遂げようと冒険を試みるほうが人生に相応しい。

セオドア・ルーズヴェルト……………✣

幸福になりたければ、何か目標を立てて、それに自分の考えのいっさいを注ぎ込み、今まで抑えられていた底力を一斉に解放し、希望を高めることだ。幸福は自分の内部にある。これを引き出すには、自分の考えと底力のいっさいを注ぎ込むことのできる事柄を実行することだ。幸福になりたければ、自分以外のものに心を打ち込めばよい。

デール・カーネギー……………………✣

真の幸福は穏やかなものであり、華美や騒音を忌み嫌う。真の幸福はまず自分自身を楽しむところからはじまり、ついで、選りすぐったほんの一握りの友人との友情と交際からはじまる。

ジョセフ・アディソン……………………✣

あなた自身を主張せよ。決して人真似するな。あなたの生まれながらの才能を、全生涯かけて蓄積してきた力とともに一度に発揮しよう。だが人の才能の受け売りは、一時的な中途半端なものでしかない。各人がどこまで能力を発揮できるかは、神のみが知っている。

ラルフ・ワルド・エマーソン……………✣

青年時代は人生で最も幸福な時代であるという信念は、誤った考えの上に成り立っている。最も幸福な人間は、最も味わい深い考え方をする人間のことである。だから人間は年を取るに従って、ますます幸福になっていく。

ウィリアム・ライアン・フェルプス……………✣

自分の本心に背けば、いっさいの楽しみ、いっさいの関心事が必ず現実から遊離する。そういうことをする人の全生涯は、単なる一場の劇としか映るまい。

ナサニエル・ホーソーン……………✣

もし自分の心をとらえて離さない考えがあれば、やかましい世間の合唱には耳を貸すな。「内なる声」が告げることにだけ、耳を傾けることだ。

デール・カーネギー……………✣

何も語る事柄がない時にも、困惑することなくしゃべることができるほど、私が人間的に大成できているとは決して思わない。

エイブラハム・リンカーン……✥

明けても暮れても考えている事柄、それがその人なのだ。

ラルフ・ワルド・エマーソン……✥

世間の意見がいかに乱暴なものでも、自分自身の意見のふるう暴力にくらべれば、物の数ではない。自分自身をどう考えるかによって人の運命は決定される、あるいは暗示される。

ヘンリー・デイヴィッド・ソロー……✥

清らかで善き人の心には、堕落も冒瀆も、その他一点の汚点も存在しない。自分の出番がくる直前にあわてて準備をはじめる俳優とは異なり、このような人の人生は、いついかなる時に死が訪れようと大丈夫である。彼は尻込みもせず出しゃばりもしない。人生の奴隷でもなく、人間としての義務に無関心でもない。彼には罪に値するものも、はずかしめに値するものも、何一つない。

善き人の人生はいかに素晴らしいか、試してみよ。——彼は天から与えられた身相応の分を喜んで守り、その中に満足し切って住む。行ないはすべて正しく、あらゆる人に親切である。
毎日をあたかもこの世の最後の日のように生き、穏やかで真面目で、しかも運命に無関心でない。これこそ道徳的に完成した人間である。

マルクス・アウレリウス……✣

人生を喜び楽しめ。人生は人を愛し、働き、遊び、星を眺める機会を与えてくれる。

ヘンリー・ヴァン・ダイク……✣

日は暮れかかり、闇が訪れつつあった。だが何という静けさだろう。ここには大宇宙の広大無辺な生成発展と大いなる力が、互いに調和を保ち、静かに広がっている。そうだ、調和だ！　それは静寂の中から生じたものだ――穏やかなリズム、このうえない美しい音階、天体の奏でる音楽とでも言おうか。
このリズムを感じ取り、一瞬のうちにその一部となる。それだけで十分だった。その瞬間に私は、人間が宇宙と一体であることをひしひしと感じた。このリズムの持つ整然さ、調和、完全さはとても偶然がつくり出したものとは思えない――だから宇宙全体には何か目的があるに違いない！　この感覚は理性を超越している。人間の絶望の真っただ中に入り、彼の悩みをたわいもないものにしてしまう。大宇宙は秩序であって混沌ではない。人間はまさにこの秩序の一部である。星や月がそうであるように。

リチャード・E・バード……✣

どんな人にとっても、何か特別な楽しみにふける時間がぜひ必要です。たとえ五分間でもよいから、一日に一回は美しい花や空の雲や星を見に外へ出ましょう。詩をそらんじるのもよいし、仕事に疲れた人々を慰めるのも、よいではありませんか。美の女神や喜びの神と笑顔を交わすのを後まわしにして、退屈な仕事やおつきあいばかりでは、くたくたになるほど体を酷使しても意味がないではありませんか。こうした美しい、いつまでも新鮮な、永遠なるものを人生の中に取り入れない限り、必ず天の恵みから、我と我が身を閉め出すことになり、その人の目に映り、手に触れる、すべての世界には、灰色の塵が積もることになります。空が大地より明るいといっても、大地そのものを心ゆくまで楽しまないうちは、大して意味はありません。その美しさを心から愛してこそ、日の出と星の輝きに心から打たれる資格が得られるのです。

ヘレン・ケラー……✣

全力を尽くして生きよ。そうしないのは間違いだ。人生がある限り、どんな生き方をしたって大して問題ではない。もし人生がなかったというのなら、いったい何があったというのだ。私は年を取りすぎた。この年になっては、もはや何を見ても楽しくない。失ったものは永久に帰ってこない。このことをはっきりと銘記するのだ。それでも人間には、まだ「自由」という幻が残されている。だから今の私のように、その幻さえ持てぬ人間になってはいけない。私は愚かすぎたり、小賢しすぎたりで、せっかくの人生が楽しめる時をふいにしてしまった。そして今では、その時私の犯した過ちを犯さない限り、自分の好きなことをやるがよい。やらなかったのは私の間違いだった。生きよ！　生きよ！

ヘンリー・ジェイムズ……………✣

もし春が一年に一度でなく、百年に一度訪れるならば、音もなく忍び寄るのでなく、大地震のような、天地を揺るがす音とともに訪れるならば、人々の心の中に、この奇跡的変化を目にすることでどれほど驚異と期待を植えつけることだろう。

ヘンリー・ワーズワース・ロングフェロー……………✣

私は人生をあるがままに楽しむ。たとえ救貧院に住んでいても、楽しい、胸が躍る、輝かしい人生が送れるはずだ。夕日は富豪の大邸宅からも救貧院の窓からも、輝かしく照り返す。

ヘンリー・デイヴィッド・ソロー……………✣

私は人生を人生そのままに愛する。私にとって人生は、はかなく消え去る蠟燭《ろうそく》の火ではなく、燃えさかるたいまつである。私は今、このたいまつを手にしている。この火を次の世代に手渡す前に、精一杯明るく燃やそうと思う。

ジョージ・バーナード・ショー……………✣

自分のしていることが正しいと信ずるなら、何物にも自分の仕事を妨げさせてはならない。世界の最大の事業の多くは、一見不可能に見える仕事の障害を克服することによって成し遂げられた。要は仕事を成し遂げることだ。

デール・カーネギー……………✣

私は人生を朝鮮アザミ《アーティチョーク》のようなものだと考えている。毎日、毎週、毎月、毎年、小さい新芽が出るのを噛みちぎっては食べる。だがそれは、投げ捨てる部分にくらべれば、小さくても貴重な部分である。

オリヴァー・ウェンデル・ホームズ……………✣

もし自分にできることをすべて実行すれば、その結果に文字どおり、びっくり仰天することだろう。

トーマス・A・エジソン……………✣

自分が心から偉大な目標だと思うものに身を捧げること、言い換えれば、自分自身が廃品同様にならないうちに、心ゆくまで使い切ってしまうこと、これこそ「自然の力」であり、人生の真の喜びはここにあると悟れば、世間は自分を少しも幸福にしてくれないと言って、手前勝手な悩みと泣き言を並べ立てることは、なくなる。

ジョージ・バーナード・ショー…………✣

長生きしても人は満足しないかもしれないが、充実した人生には満足する。

ベンジャミン・フランクリン…………✣

今度誰かのところへ助けを求めに飛んでいきたくなったら、自分に言い聞かせよう。「私はこの問題を自分で解決できる。逃げたいと思うのは自分自身を見下げているだけだ。きっと解決してやる」。それからすぐ解決にかかる。その時あなたは、成功に向かって一歩足を踏み出したことになる。

デール・カーネギー…………✣

我々の持つ可能性にくらべると、現実の我々は、まだその半分の完成度にも達していない。我々は、肉体的・精神的資質のごく一部分しか活用していないのだ。概して言えば、人間は、自分の限界よりも、ずっと狭い範囲内で生きているにすぎず、いろいろな能力を使いこなせないままに放置しているのである。

ウィリアム・ジェイムズ……………✣

細部を気にしていると、人生は少しずつ浪費されていく。心を素直にすれば、両手の指十本でたいていのことは足りる。それでも足りない時は、両足の指を加えて、あとは一まとめにすればよい。単純化、単純化、単純化せよ！　物事は二つか三つ数えればよい。百や千では多すぎる。百万でなく半ダースで十分だ。計算は片手の親指の爪に書きとめておくのだ。現代の文明生活という風向きの定まらぬ海の真ん中は、雲や嵐や流砂や、その他数々の出来事にさらされる。もし無駄な勘定に明け暮れして道を失い、ついに目的地に到着することができなくなるはめにあいたくなければ、計算力に優れた者になることだ。単純化、単純化、単純化……。

ヘンリー・デイヴィッド・ソロー……………✣

人生を堂々と見つめる――自然の法則を、あきらめの心で受け入れるのではなく、あえて探求し質問を浴びせる自然の息子として、堂々と受け入れる――自分自身の魂の中に安らぎと確信を見出す――こうした信念を持てば、幸福になる道が開ける。

モーリス・メーテルリンク……………✣

成功者は皆ゲームが好きだ。自己表現の機会が与えられるからだ。存分に腕をふるって相手に打ち勝つ機会、これが、いろいろな競争や競技を成立させる。優位を占めたい欲求、重要感を得たい願望、これを刺激するのだ。

デール・カーネギー……………✣

『創世記』によれば、創造の神は人間に全世界の支配権を与えた。莫大な贈り物である。しかし私は、そんな帝王を凌駕する特権には興味がない。私の望みはただ自分自身を支配することーー自分の考えを支配し、自分の恐怖心を支配し、自分の心や魂を支配することである。素晴らしいことに、私はただ自分の行動を制御しさえすれば、これが自分の反応を抑制することになり、いつでも好きな時に、この支配を鮮やかにやってのけることができるのである。

デール・カーネギー……………✣

人生の真実は、美味で、恐ろしく、魅力的で、奇怪、甘くて、苦い、そしてそれがすべてである。

アナトール・フランス……………✣

私にとって人生の喜びは、自分がどんな人間であるかを感じ取るところにあると思われる。……私は人生の不満家を数人知っているが、皆、自分とは違う者になろう、自分には無理なことをやろう、として骨を折っている。

満足感は、そして自分が役に立つ人間であるという気持ちは、自分自身を、我々の心に描いている格好いい理想像に合わせるために、さまざまな人物に仕立てようとしても、決して得られない。それには、人生そのものの豊富さの前に自分の身をまかせてしまうこと、つまり人生を自分の体の中に満ちあふれさせるのだ。この偉大な受容、偉大な謙譲さの当然の結果として、満足感が得られるのだ。

デイヴィッド・グレイソン……✣

あらゆる歴史は、我々に次のことを教えている。緊急を要する質問と思われるものは、すべて解答を得る前に変形してしまい、他の差し迫った質問に取って代わられる。そしてこの生成発展の過程そのものが、今日の謎を説明するために用いている概念を粉砕してしまうのである。

J・ロバート・オッペンハイマー……✣

牧場の奏でる調べや、森をたたえる交響楽に耳を傾けるひまもなくなるほどあくせく働いたり、せかせかしたってはじまらない。この世には富よりはるかに重要なものがある。楽しみを味わうささやかな心がけもその一つだ。

たとえ真実がすっかりベールに包まれ、それを手に入れる道が、どんなに険しかろうと、真実を探し求める好奇心に満ちている人間なら、全体性や完全性といった資質を備えることが可能である。

デール・カーネギー……………✣

確かに大自然の安らかな静けさの中には、人間の微々たる悩みや疑いなどを威圧する何物かがある。あの紺碧の空や天上に群がる星々を眺めていると、心が安らかになっていく。

ハロルド・R・メディナ……………✣

ちょっと手を休めて、窓の外の美しさを眺めよう。そこに世界がある――楽しもう。今夜外へ出て、星空を眺めよう。それは大自然の驚異だ。

ジョナサン・エドワーズ……………✣

「生きること」は、単に呼吸をすることではなく、「活動する」ことである。それは我々の全器官を、感覚を、機能を利用すること、つまり、我々に、「生きている」という感覚を与える。肉体のあらゆる部分を利用することである。最も長生きした人間とは、最も年を経

デール・カーネギー……………✣

た人間のことではない。人生を楽しんだ人間のことである。こういった長生きした人間の中に、最近百歳で死んだ者がいるが、彼は生まれながらの生ける屍《しかばね》だった。こんな人間は若死にしたほうがよかったのだ。少なくともその時までは真に「生きる」ことができたはずだ。

ジャン・ジャック・ルソー……✣

自分の行動に気遅れしすぎたり、気を遣いすぎたりしてはならない。人生はすべて実験である。実験の数は多ければ多いほどよい。少しやり方が手荒すぎて、上着を汚したり破いたりすればどうすればよいか？　もし本当に失敗して、一、二回泥の中に転んだらどうするか？　もう一度起き上がればよい。転んだって何ともない。

ラルフ・ワルド・エマーソン……✣

性格の形成は赤ん坊の時にはじまり、死ぬまで続くものです。

エレノア・ルーズヴェルト……✣

常に何かを聞き、常に何かを考え、常に何かを学ぶ。これが人生の真の生き方である。何事も切望せず、何事も学ばない者は、生きる資格がない。

サー・アーサー・ヘルプス……✣

父親のテントの中で眠りこけるな。世界は進歩しつつある。世界とともに進歩せよ。

ジュゼッペ・マッツィーニ……………………✤

この世は興味あるもので満ち満ちている。こんな素晴らしい世界で、だらだらと人生を送るのは、もったいない。

デール・カーネギー……………………✤

今こそ「人生」という素晴らしい冒険をこの地球上で行なえる、唯一の機会である。だから、できる限り豊かに幸福に生きる計画を立て、実行することだ。

デール・カーネギー……………………✤

すべての人間は、彼がもはや大地に影を落とさなくなる日が来るまで、「人生」という大冒険の毎時間毎時間を、真理の探求に費やさねばならない。もし心の中に一かけらの疑問も抱かないで死ぬのなら、長生きする理由がどこにあろうか。

フランク・ムーア・コルビー……………………✤

仕事の一瞬一瞬ごとに、馬車を星につなぐがごとく大志を持って臨めば、こまごました仕事が自身によってひとりでになされるのを見る。これが人間の知恵である。

この世で一番大事なことは、自分が「どこ」にいるかということではなく、「どの方角に」向かっているか、ということである。

ラルフ・ワルド・エマーソン……✣

人間は思考する努力を省きたいために、ありとあらゆる方便に頼ろうとする。

オリヴァー・ウェンデル・ホームズ……✣

自分の偏見を組み立て直しているにすぎないのを、「思考」していると勘違いをしている者が、非常に多い。

トーマス・A・エジソン……✣

人間である限り、誰でも過ちはある。しかし賢者や善人は、自分の過ちや失敗の中から、未来に備えるための知恵を学び取る。

ウィリアム・ジェイムズ……✣

プルターク……✣

誰でも、自分はこうあるべきだが、実際にはそれとはほど遠いと思われる理想像を描く時がある。進歩向上を目指すべての人間にとって、この理想像は本人より立派である。今の自分より賢くなりたい、立派になりたい、気高くなりたい、と全然考えたことがない人間ほど、自己満足におちいっている者はいない。

セオドア・パーカー……………………✣

人間の能力はいまだにその限界が知られていない。人間に何ができるか、先例から判断することもできない。人間の試みてきたことは、あまりにも少ないから。

ヘンリー・デイヴィッド・ソロー……………………✣

気の小さい者は少し批判されただけで、立腹する。だが分別ある者は、自分を非難した者からも、叱責した者からも、そしてことに「どこが問題か、ともに論じ合った者」から、自分の至らないところを熱心に学び取る。

デール・カーネギー……………………✣

その人を指導して欠点を直してやり、良い方向に向けてやろうと思う者が周囲にいないか。よろしい、私もあなたに賛成だ。おやりなさい。だが、まずあなた自身からはじめてはどうか。まったく自己本位に考えれば、そのほうが他人の悪いところを直してやるより、はるかに利益がある。そのうえ、危険もはるかに少ない。

ブラウニングは言った。「人間が内部から闘いはじめる時、彼は向上する」。自分自身を完成させるには、おそらく今からクリスマスまでかかるだろう。その時がくればゆっくり休暇を楽しみ、そのあと来年いっぱいを、他人の欠点を直し、指導し、批判することに使えばよい。

デール・カーネギー……………✣

「自分は結局は神の子である。だから何か大きな仕事を果たす務めがある」と知りながらも、そうした大望を果たすために自分の魂の扉を一度もたたこうとせず、自分の現在考えている事柄、現在行なっている事柄、現在の人生にすっかり満足し切ってしまう日があれば、それは何人にとっても悪しき日である。

フィリップス・ブルックス……………✣

自分の意見を決して引っ込めない者は、真理よりも自分自身を愛している。

ジョセフ・ジュベール……………✣

自己満足におちいらぬ者は成長する。自分の考えが正しいという確信を持てぬ者のほうが、多くのことを学ぶ。

中国の格言……………✣

脳は使えば使うほど、使える部分が増す。

ジョージ・A・ドーシー……………………✣

常に心を変化に向けて開いておこう。変化を歓迎しよう。もてなそう。自分の意見や考えを何度も検討し直して、はじめて人間は成長できるのだ。

デール・カーネギー……………………✣

いつまでも無知のままでいたければ、きわめて簡単で効果のある方法がある。自分の取るに足りぬ意見と知識に満足していればよい。

エルバート・ハバード……………………✣

葦のようにいつもしなやかであれ。杉の木のように頑なではいけない。

タルムード(ユダヤ教法典)……………………✣

自分の弱点をしっかり見つめてその姿を十分に知っておきましょう。でも弱点に支配されては駄目です。弱点から忍耐力と優しい心と物事を見通す力を教わりましょう。本当の教育は知性と美しさと善良さを組み合わせたものです。そしてこのうち一番大切なものは善良さです。私たちができる限りの努力をする時、私たちの人生にどんな奇跡が起こるでしょうか。また他の方々の人生にどんな奇跡が起こるでしょうか。それは誰にもわかりません。

ヘレン・ケラー…………✣

以上の疑問について、今はもう解答が得られたかと問われると、私は「否」と答える。宇宙の神秘、生命の神秘を解明しえた人間は一人もいない。我々の周囲には、神秘なことがあまりにも多い。人間の体の機能にしても、あなたの家の電気、壁の割れ目に育つ花、窓越しに見る緑の芝生、すべてが神秘である。

デール・カーネギー…………✣

人は自分自身のことをいくらかでも知っていない限り、人類全体のことを何も知ることはできない。「自己自身に関する知識」は、情熱のありったけを傾けながらも、その結果がどうあるべきか慎重に考える者の財産である。

ベンジャミン・ディズレーリ…………✣

最大の過ちは、どんな過ちを見ても少しも気づかぬことである。

トーマス・カーライル…………✣

天空の星を仰ぎ見て、これら太陽系の星の中には、光が私の目に達するのに、数百万年を要するものが含まれていることを思い起こすと、私の立っているこの地球が何とちっぽけでつまらないものであるか、そして私を悩ませている問題など、何と微小で、はかないものであるか、ということに気がつくのである。私の余生はあと幾年もない。しかし、数千キロにわたって四方八方に広がる大海原も、果てしなき宇宙に散らばる星の群れも、壮大な螺旋状大星雲も、今後何億年、何十億年にもわたって存在し続けるのだ。星を仰ぎ見ていると、自分をもっと大切にしなければならないという気持ちが、驚くほどさまざまと湧き起こってくる。

デール・カーネギー……………✣

引用文献

"Public Speaking and Influencing Men in Business", by Dale Carnegie, Association Press.
"Alone", by Richard Byrd, G.P. Putnam's Sons.
"Prayer Is Power", by Alexis Carrel, The Reader's Digest.
"The Autobiography of Calvin Coolidge", by Calvin Coolidge, Rinehart & Co., Inc.
"Thomas Dreier", Forbes, Inc.
"How to Turn People into Gold", by Kenneth M. Goode, Harper & Brothers.
"Maxims of Life and Business", by John Wanamaker, Harper & Brothers.
"Adventures in Contentment", by David Grayson, Doubleday & Co., Inc.
"Out of the Dark", "My Religion", by Helen Keller, Doubleday & Co., Inc.
"Words to Live By", by Robert Hillyer, This Week Magazine.
"Oliver Wendell Holmes", Little, Brown & Co.
"Psychotherapists or the Clergy", in Psychology and Religion, "West and East", vol. 11 of the Collected Works of C.G. Jung, Bollingen Foundation, Inc.
"The Importance of Living", by Lin Yutang, The John Day Company, Inc.
"Gift from the Sea", by Anne Morrow Lindbergh, Pantheon Books, Inc.
"The Art of Accepting", by Russell Lynes, Pantheon Books, Inc.
"H.L. Mencken", Alfred A. Knopf, Inc.
"Sir William Osler Aphorisms", collected by Robert Bennett Bean, M.D., edited by William Bennet Bean, M.D., Abelard-Schuman, Ltd.
"Ralph Barton Perry", Harvard University Press.
"The Excitement of Teaching", by William Lyon Phelps, Liveright Publishing Corporation.
"Wind, Sand and Stars", by Antoine de Saint-Exupéry, Harcourt, Brace & Co., Inc.
"The Quitter", from Rhymes of a Rolling Stone, by Robert W. Service, Dodd, Mead & Co., Inc.
"Bernard Shaw", The Public Trustee and the Society of Authors.
"It Is My Joy in Life to Find", from Lyrics of Joy, by Frank D. Scherman, Houghton Mifflin Company.
"William Allen White", Henry Holt & Co., Inc.
"Our Lives", by Ella Wheeler Wilcox, Rand McNally & Co.

DALE CARNEGIE
1888年、米国ミズーリ州の農家に生まれ州立学芸大学卒業後、雑誌記者、俳優、セールスパーソン等雑多な職業を経て、YMCA弁論術担当となり、やがてD.カーネギー研究所設立。人間関係の先覚者として名声を博す。1955年、66歳で死去。

●本書は四六判『新装版 カーネギー名言集』（創元社刊 ©2000）の文庫版です。

カーネギー名言集《めいげんしゅう》 文庫版《ぶんこばん》

一九八六年一〇月一日 第一版第一刷発行
二〇一一年一一月二〇日 第二版第一刷発行
二〇一四年五月一日 第二版第七刷発行

編者 ドロシー・カーネギー
訳者 神島《かみじま》康《やすし》
発行者 矢部敬一
発行所 株式会社 創元社
〈本社〉〒五四一-〇〇四七
大阪市中央区淡路町四-三-六
電話（〇六）六二三一-九〇一〇㈹
〈東京支店〉〒一六二-〇八二五
東京都新宿区神楽坂四-三 煉瓦塔ビル
電話（〇三）三二六九-一〇五一㈹
〈ホームページ〉http://www.sogensha.co.jp/
印刷 図書印刷

ISBN978-4-422-10107-1 C0111